戴逸看清史 一

破解三百年历史谜团

戴逸 著

中国大百科全书出版社

图书在版编目（CIP）数据

戴逸看清史. 一，破解三百年历史谜团 / 戴逸著. -- 北京：中国大百科全书出版社，2022.1
 ISBN 978-7-5202-1055-3

Ⅰ. ①戴… Ⅱ. ①戴… Ⅲ. ①历史人物—人物研究—中国—清代 Ⅳ. ①K249.09

中国版本图书馆CIP数据核字(2021)第253361号

出 版 人	刘国辉
策 划 人	王一珂　曾　辉
责任编辑	鞠慧卿
责任印刷	魏　婷
封面设计	今亮后声
出版发行	中国大百科全书出版社
地　　址	北京阜成门北大街 17 号
邮政编码	100037
电　　话	010-88390969
网　　址	http://www.ecph.com.cn
印　　刷	北京汇瑞嘉合文化发展有限公司
开　　本	880 毫米×1230 毫米 1/32
印　　张	8.125
字　　数	161 千字
印　　次	2022 年 1 月第 1 版　2022 年 1 月第 1 次印刷
书　　号	ISBN 978-7-5202-1055-3
定　　价	59.00 元

本书如有印装质量问题，可与出版社联系调换。

目 录

满族兴起的精神力量……001
康熙智擒鳌拜……009
雍正的历史舞台……017
雍正即位的历史疑谜……021
乾隆帝与乾隆朝……033
乾隆皇后之丧及有关的政治风波……070
一场得不偿失的战争——论乾隆朝金川之役……085
我国最多产的一位诗人——乾隆帝……109
衰落前的顶峰——康乾雍盛世……131
康乾盛世中的巨型园林——避暑山庄……145

慈禧、奕䜣斗法记..................................155
第一个洋务派集团的兴衰..........................161
中日甲午战争的前因与后果........................166
中日甲午战争的历史教训..........................179
从大清史角度看待刘铭传保台建台的意义............184
百年功过论戊戌..................................195
揭秘光绪之死....................................204
中国近代机器工业和旧式手工业的关系..............219
爱国、先进的改革家、思想家谭嗣同................231
五四运动与传统文化..............................235

满族兴起的精神力量

满族是女真族的后裔。女真族历史悠久，源远流长，曾建立了与宋朝对峙的金朝政权。岁月星河，山川巨变，1234年，蒙古铁骑踏平了金朝京城，女真族流落于白山黑水之间。三大部族沿江而居，建州居牡丹江，海西住松花江，野人布黑龙江，各立山头，不相统属，势力衰微，陷入了发展的低潮时期。

历史的车轮慢慢前行，到16世纪末叶，迎来了民族再兴的机运。1583年，建州女真的英雄努尔哈赤起兵攻打尼堪外兰，开始了统一女真各部的事业。二十多年的统一战争，联海西、野人各部为一体，创八旗，筑都城，造人才，设议政，理诉讼，制满文，奠定了日后对抗明朝政权的基础。1618年，努尔哈赤以"七大恨"发檄征明，攻城略地，使明朝疲于奔命。1644年，满族挥师入关，败李自成、张献忠，灭南明小朝廷，建立了大清王朝，成为全国的统治力量。

满族崛起于青萍之末，力量可谓弱小。努尔哈赤发兵征战，最初只有遗甲十三副，聚合胞弟舒尔哈齐的兵力也不过一万五千人，估计全部满族也只在六七万人。到满族入关，挥师南下之际，整个满族人口估计为六十万人。然而它面临的强劲对手是疆土广阔、物产丰饶、人口众多的明朝，记录在册的人口就达到了七千万，实际数目要逾一亿之多，几乎是满族的二百倍！两者相比，简直不可同日而语。然而，满族居然在半个世纪的时间内，发奋图强，潜滋暗长，壮大力量，最终打败了曾经仰视数百年的明朝政权，开二百六十八年统治中国之基业。这不能不被称为历史奇迹，也是历史发展之谜。

剖析历史奇迹，破解历史之谜是史家义不容辞的职责。多年以来，治史者析史料、调视角、分层次、构框架，梳理出明灭清兴的种种因素。从明朝一方来看，政治腐朽，内耗争斗，实力消磨；农民起义波澜壮阔，风起云涌，削弱了国力；吏治腐败，辽东政策失误，自毁长城。再从满族一方来看，努尔哈赤、皇太极、多尔衮等杰出人物接连而出，代有人杰；内部适应于急剧变幻的社会大势，组织结构全方位迅速调整；实施了正确的军事战略与策略。凡此种种，都可看作满族取得胜利的原因。但我认为，满族崛起的最为重要的因素在于精神力量。充满蓬勃朝气、奋发向上的满族，托起了民族的脊梁。艰苦拼搏，百折不挠，以少胜多，以弱胜强，直至创建全国政权，精神力量是不可或缺的根本因素。这种精神因素表现在四个方面。

一、骑射尚武的精神

满族散居东北沃野，山林茂密，草场广阔，形成狩猎与农耕并重、锄镐与骑射并举的社会习俗。1601年，努尔哈赤创建八旗制度，融军政体制为一体，突出八旗制度的军事特征，培养满族骑兵勇猛剽悍、奋勇拼杀的尚武精神。激战萨尔浒，五日三战，勇猛顽强，铁骑如风卷残云；攻打锦州，三次增兵，不惧死亡，亲王贝勒冲锋陷阵，身先士卒；八旗铁骑金戈铮铮，旌旗猎猎，所至无不披靡。人数虽寡，但能够战必胜、攻必克。尚武精神锻造了一支勇猛顽强、意志坚定的民族力量。没有这种尚武精神，满族凭什么与强大的明朝对抗呢？

二、民族凝聚的精神

女真本是分散的部落，建州、海西、野人互相征伐，部落之间的侵扰连绵不绝。然而，努尔哈赤统一女真各部，诞生了满族之后，满族从此像被注入了一种神奇的活力，整个民族呈现出前所未有的向心力，捐前嫌，释旧怨，重团结，产生了影响久远的民族凝聚力。新兴的满族，内部团结坚如磐石，表现出极端的坚忍性。当然，满族上层不乏争权夺势、互相倾轧之人。努尔哈赤起初与弟舒尔哈齐共领建州，各自拥有自己的部众与财产，不相上下的实力促使舒尔哈齐频频挑战努尔哈赤的权威，受挫后企图率众出奔，摆脱努尔哈赤的控制。努尔哈赤果断囚禁舒尔哈齐，扼分裂势态于萌芽之中。皇太极承续大统，最初与代善、阿敏、莽古尔泰三大贝勒共同分享权力、人口、财产，位势相埒；后来，皇太极从打破旗主专权入手，进而幽禁阿敏，降格莽古尔泰，处罚代善，独领正黄、镶黄、正蓝三旗，兵不血刃，剪除异己势力，恢复汗位权威。皇太极死前未指定继承人，于是两黄旗拥立的豪格和两白旗推出的多尔衮势同水火，以至于皇太极驾崩之际，双方调兵戒备，几乎同室操戈。结果两王妥协，拥立福临（即顺治帝）。满族的发展躲过分裂的劫难，汹涌奔腾，迎来了世所瞩目的康乾盛世，从而把中国两千年来的封建社会的发展推向了顶峰。

满族上层矛盾的成功化解，是民族凝聚力的典型体现。在面临关内强劲对手的形势下，顺大局，识大体，使内部争斗规限在家族范围、言辞交锋的程度之内，严格控制矛盾的激变与扩大，力图以妥协让步的办法化干戈为玉帛，于事态初萌之际一朝化解，从未演成巨大的民族内部动荡，动摇民族延续的根本。这种克制上层矛盾的广度与深度，关注民族大局的精神，保障了满族草创政权之初，能够几经风霜雨雪，却依然坚定不移地向共同的目标奋进。二百多年后，太平天国统治集团未能很好地把握内争的分寸，洪、杨政争引发了一系列的流血事变，数万将士没有战死在抗清的疆场，却死在自相残杀的"天国"土地上，因而战斗力衰落了，凝聚力散失了，元气大丧，一蹶不振。太平天国由盛而衰的史实，给后人以永远的警示。坚忍的民族凝聚力是满族崛起的关键。

三、团结包容的精神

满族不仅团结本民族共同发展,而且还包容其他民族,团结一切可以团结的力量,化部分敌人为友,削弱敌人,壮大自己,使力量对比逐渐彼消此长,把优势掌握在自己手中。

满族十分重视团结地域广大、实力超群的蒙古族势力,将如何处理好同蒙古族的关系看得至关重要。皇太极起初与蒙古族并不亲睦,曾派大军深入漠南,武力征服林丹汗,但随后皇太极会盟漠南蒙古于盛京,联络漠北蒙古喀尔喀三部。蒙古族归附,化敌为友,从此骁勇善战、疾如闪电的蒙古骑兵与八旗将士并肩作战。清朝初年,满族通过藏传佛教(俗称喇嘛教)与蒙古上层深相结纳,满蒙一体,休戚与共,不仅稳定了后方,退有依托,而且极大地弥补了满族人口单薄、兵力不足的缺点,背靠满蒙,窥视中原,进攻退守,游刃有余。

汉族是满族最主要的敌对势力。努尔哈赤兴兵伐明,与汉族的民族矛盾上升到政治斗争的最高形式——军事战争。然而,满族并非只是一概固守民族观念,驱全部汉族人众与自己为敌,而是分化利用,凡是投降归附的文人士宦,位尊威崇,加以重用,范文程、李永芳、马光远、高士俊遂成为皇太极的左膀右臂。尤其范文程参与帷幄,领受机密,"每议大政,太宗(皇太极)必曰:范某知否"[①],宠爱信任,无以复加!明朝武将,对峙疆场,生死鏖战,性命相搏,可

[①] 李果:《在亭丛稿》卷六《范文肃公传》。

谓仇深似海。孔有德、耿仲明、尚可喜、祖大寿、洪承畴、吴三桂都是明朝辽东能将，数度与八旗狂飙殊死厮杀，筑起明朝的辽东屏障。但这些人投降之后，皇太极广为包容，将其收编重用。满族团结、包容其他民族力量，变消极因素为积极因素，削弱敌人，壮大自身，故能以弱胜强，统治全国。

四、学习先进的精神

满族初兴，文明低下，狩猎稼穑，仅供所需，领主部落，尚处于奴隶制度时代。但满族不因循守旧、拒绝先进，而是虚心学习，剔劣纳优，加速文明进化的步伐。红衣大炮由西方传教士引进，威力巨大、杀伤力强，曾使努尔哈赤在宁远城下受挫。清兵日后缴获该炮，悉心研究，俘虏明朝降将降卒仿造大炮，也拥有了攻城利器。满族与汉族，属文明阶段的两个层次，差距甚大。但满族不故步自封，而是倾心学习，承续明朝体制，吸纳汉族文化、典制中的先进部分，结合本民族的特点，创设出符合历史发展的文化传承、典章制度。女真文字已不通行，努尔哈赤遂命额尔德尼、噶盖两人仿蒙古文为字，以女真语为音，创制了老满文，尽管文法不备，缺点甚多，但文字的创制推动了女真社会向更高文明迈进。

儒家学说长期被奉为封建王朝的治世经典，满族入关即派官祭祀孔子，允许孔氏后代袭衍圣公。入关随俗，尊孔崇儒，笼络汉族知识分子，恢复科举取士，给饱读诗书的士子以"学而优则仕"的出路，淡化了他们心中滋生出的恋明反清的情绪。

清朝初兴，追踪先进，倾心学习，即使是自己的敌人，只要优而有长，亦纡尊求教，虚心仿制。这种海纳百川的胸怀和如饥似渴学习的精神，使满族在半个世纪的风雨征程中，从小到大，从弱到强，最终建立了全国政权。

朱诚如教授在《明清之际的历史走向》一文中说："一个天崩地裂，天下大乱的时代，谁抓住了机遇，就会赢得胜利。"的确，明朝覆亡赋予李自成大顺军、张献忠大西军、南明政权、东北满族四方以平等的机遇。四方角逐，表面上拼打的是政权体制、后方补给、军事战略等浅表因素；实际上较量的是综合素质；而具有拼搏向上、锐意进取的一方无疑能够超乎其他三方，抓住历史机遇。李自成大顺军入城之后，追赃逐利，沉湎陶醉，失去进取之心。张献忠大西军杀戮过甚，树敌众多，矛盾重重，分崩离析。他们都抓不住历史机遇。南明政权偏处一隅，安于现状，惰性充盈，锐气全无，更不能抓住历史机遇。而满族凭借骑射尚武、民族凝聚、团结包容、学习先进，故能在历史机遇来临之际，因时乘势，席卷全国，取得全面胜利，这绝不是历史偶然的偏爱，而是历史必然的结局。当然，清朝统治后期，钟鸣鼎食的优裕生活消弭了满族优秀的精神品格，满洲贵族腐朽堕落，已经成为社会发展的阻碍，失去了早期的精神力量。辛亥革命，义旗高举，满族政权灭亡也是必然的。"其兴也勃焉"，"其亡也忽焉"。历史公平地对待每一个统治政权，关键在于能否自觉、自强，适应历史的趋势，大踏步前进。

毛泽东曾经说过，人总是要有一点精神的。一个民族的崛起，一个社会的复兴，固然需要物质力量丰厚、军事实力强大，更重要的是要有精神力量的支撑。一个萎靡不振、腐败丛生、不思进取、见利忘义、舍本逐末的群体是不会有远大前途的。中外朝代更迭几乎如此，概莫能外，显示出一个兴衰更替的社会规律。

满族精神力量在几个世纪的凝结与衰微的变迁历程，并由此精神力量所导引的清朝历史轨迹，给了我们发人深省的启示。

康熙智擒鳌拜

康熙和鳌拜之间的冲突是诸多矛盾积累和发展的结果。康熙一举擒拿权臣鳌拜，夺回了政权，为以后建立清朝的政治基业扫清了障碍，显示了这位少年天子的胆识、魄力和智慧。

一、鳌拜其人

鳌拜，满洲镶黄旗人，姓瓜尔佳氏。他的叔父费英东早年追随努尔哈赤起兵，是清朝的开国元勋。鳌拜本人随皇太极征讨各地，战功赫赫。他参加过崇德二年（1637）的皮岛战役。当时皮岛守备森严，清军久攻不下，鳌拜请为先锋，誓言："不得此岛，勿复见王。"（《清史列传》第二册）乘舟渡海，直冲敌阵，战斗时，鳌拜大呼，冒矢石勇敢搏战，跃登城墙，敌兵大败。清军攻克皮岛，皇太极十分欣赏鳌拜的英勇善战，论功行赏，封三等男，赐"巴图鲁"号。

此后鳌拜又屡建大功。崇德六年（1641），松锦会战中，他"以步战败明军步军营，功最"（《清史列传》第二册）。

明总督洪承畴率大军十三万来援，皇太极亦亲率大军应战，鳌拜辄"先陷阵，五战皆捷"，明军败遁。皇太极命鳌拜追杀，又获全胜，"擒斩过半"。八年（1643），随阿巴泰征明，入长城，围北京，攻略至山东兖州、临清而返。

顺治元年（1644），清兵入关后，多尔衮考核群臣功绩。鳌拜"以忠勤戮力，晋一等子"（《清史列传》第二册）。随阿济格征湖北，破李自成军，又随豪格入四川，与张献忠战于川北西充，"大破之，斩献忠于阵"（《清史列传》第二册）。

鳌拜不但是一员骁勇战将，而且也是皇太极忠心耿耿的心腹。皇太极死后帝位继承发生问题。皇太极长子肃亲王豪格与皇太极之弟多尔衮争立。正黄旗与镶黄旗拥立豪格（索尼、遏必隆、鳌拜属两黄旗），而正白旗与镶白旗拥立多尔衮。当时恰值李自成打进北京，明朝覆亡，满族统治者在关键时刻互相妥协，将矛盾缓和下来。豪格和多尔衮都不当皇帝，而让皇太极的第九子、六岁的福临即帝位，是为顺治帝，避免了关系破裂而喋血萧墙。鳌拜始而拥戴豪格，继而拥戴福临。他是两黄旗的重要代表，是效命疆场、为清朝争夺江山的元勋。

二、康熙初年的政局矛盾

顺治遗命索尼、苏克萨哈、遏必隆、鳌拜四大臣辅政。索尼的资格最老，威信很高，但年纪老迈，畏事避祸。遏必隆亦出自名门，为开国元勋额亦都之后，屡立战功，与鳌拜交好。而苏克萨哈为正白旗，先是依附多尔衮，多尔衮死后，朝局一变，苏克萨哈出来告发刚刚死去的多尔衮，因此亦受顺治帝重用。四辅臣中，索尼列名第一，能够得到大家认同。而苏克萨哈因是公主的儿子，且反戈一击，揭发多尔衮有功，列名第二就较勉强，尤其是资格老、军功高而名列第四的鳌拜很不服气。当时，朝廷中存在着三对矛盾：

第一，黄、白旗之争。皇太极死后，黄、白旗为争立皇帝，关系紧张，以索尼为首的两黄旗大臣盟于大清门，带兵入宫，张弓挟矢，要和两白旗兵戎相见。后来幸而以妥协告终，但彼此成见甚深。多尔衮是正白旗之主，摄政时压制反对他的两黄旗。索尼、遏必隆、鳌拜均曾获罪，或降职，或罢官。顺治亲政，朝局一变，黄旗抬头，白旗失势。苏克萨哈虽以白旗投靠黄旗，但索尼、遏必隆、鳌拜都瞧不起他。黄、白旗之间的矛盾一直延续到康熙初年。

第二，更换圈地的利益之争。清初圈地时，多尔衮当权，偏袒正白旗，将冀东肥沃之地圈给正白旗。康熙时鳌拜提出圈地应按八旗排列顺序。冀东的土地按顺序应归黄旗所有。他要求和正白旗换地。如果土地不足，"别圈民地补之"（《清史稿·鳌拜传》）。圈地已过去二十年，如果黄、白旗换地，牵涉面太广，骚动过甚。当时户部尚书苏纳海、直隶总督朱昌祚、巡抚王登联都以"旗人安业已久，民地曾奉谕不许再圈"（《清史列传》第二册）为理由加以反对。苏克萨哈属正白旗，也坚决反对。但索尼、遏必隆则支持鳌拜，形成四辅臣之间的利益冲突。

第三，进步与保守之争。清朝入关后，在如何统治中国的问题上存在严重分歧。顺治帝认为，采用汉族的制度、吸取汉族的文化才能使清朝长治久安。而四辅臣缅怀满族的旧制度、旧习惯，主张退回旧时代中，"率祖制，复旧章"（《清史稿·索尼传》），凡事都要"遵照太祖、太宗例行"（《圣祖实录》卷二十三）。对汉族则施行高压政策。顺治帝刚去世，江南就发生"奏销案"，"江苏省逋赋绅衿一万三千五百十七人；下部斥黜有差"（《清史稿·圣祖本纪》）。探花叶方蔼只欠交赋税一文钱，亦遭处分，故民间有"探花不值一文钱"之谚。康熙二年（1663）又大兴文字狱，庄廷鑨因修《明史》获罪，株连甚众，刑罚残酷，不遗余力地打击汉族地主知识分子。

三、中西文化冲突的插曲

在鳌拜事件中还夹杂有中西文化的冲突。孝庄太后与顺治帝善待西方传教士，与汤若望关系密切，相信西方的自然科学。顺治帝封汤若望为通玄教师，并采用他所编的新历书《时宪历》。顺治死后，辅臣们厌恶西方传教士，守旧的历学家杨光先、吴明烜"依附鳌拜，捏词陷人"（《东华录》康熙九）。辅臣们将汤若望下狱，拟处汤若望死刑。恰好北京发生地震，孝庄太后出面干预，称上天示警不可妄动，汤若望才免死获释。但汤若望的《时宪历》仍废止不用，而采用吴明烜的《大统历》，却错误百出，其中康"熙八年闰十二月应是康熙九年正月,又有一年两春分两秋分种种差误"(《东华录》康熙八)。康熙以实事求是的态度对待这一问题,认为"天文最为精微,历法关系国家要务,尔等勿怀夙仇,各持己见,以己为是,以彼为非,互相争竞"(《清通鉴》四),而以实际测量为标准,钦派大臣进行实际测验。结果,"立春、雨水、太阴、火星、木星与南怀仁所指逐项皆符,吴明烜所称逐项不合"(《东华录》康熙八)。康熙帝相信实测结果,恢复使用《时宪历》,授南怀仁钦天监监副。辅臣不懂和无视科学,康熙对辅臣们的盲目无知、刚愎自用、反对科学甚为反感。这场科学上的是非之争也夹杂在康熙和鳌拜的政治斗争风波中。

四、矛盾的爆发

斗争的突破口在于圈地换地之争以及辅政大臣苏克萨哈的被杀。由于苏纳海、朱昌祚、王登联三位大臣反对黄、白旗之间换地,鳌拜痛恨他们,必欲置之死地。康熙出面调解,召四辅臣商议此事。索尼、遏必隆附和鳌拜,主张以抗旨论死,苏克萨哈不作声,以沉默对抗,形成三比一的局面。康熙此时尚未亲政,无法阻挡辅臣们的决定。苏、朱、王三大臣竟被处死。过了四十年,康熙提到这场冤狱,痛心地说:"鳌拜、遏必隆为圈地换地杀尚书苏纳海、总督朱昌祚、巡抚王登联,冤抑殊甚,此等事皆朕所不忍行者,朱昌祚等不但不当杀,并不当治罪也。"(《圣祖实录》卷二百二十四)

康熙和鳌拜之间的冲突正是上述诸多矛盾积累和发展的结果。鳌拜代表着关外旧臣的势力，把持朝政。他的弟弟穆里玛，有镇压李自成余部夔东十三家之功，封靖西将军，儿子那摩佛娶公主为妻，是康熙的姐夫，一门贵幸。鳌拜的亲信班布尔善、玛尔赛、阿思哈、济世盘踞政府要津，心腹爪牙遍布内外。这时随着康熙的成年，满族统治者中间新的一代正在成长，以康熙为核心集聚了索额图、明珠、岳乐、杰书等青年俊才。索额图、明珠都是康熙的侍卫，岳乐、杰书是皇族，已封安亲王、康亲王。他们对关外时期的生活和传统并无留恋之情，而一心要营建统治全中国的宏伟大业。这一新的势力集团的崛起预示着鳌拜集团的覆灭指日可待。

　　鳌拜性情刚愎，器量狭隘，势力愈张，骄横日甚。朝贺新年时，鳌拜身穿黄袍，仅其帽结与康熙不同。又经常把各地奏折拿回自己家中和心腹们商议办理，不把朝廷官员放在眼里。有一次鳌拜装病，康熙去探望他，鳌拜卧床，席下放一把刀。康熙的侍卫搜检出这把刀，局面尴尬而紧张。康熙虽年轻却从容镇静，笑着说："刀不离身是满洲故俗，不要大惊小怪！"（《啸亭杂录》）可见鳌拜的跋扈，也可见康熙把紧张局面消弭于谈笑之间的机智应变。

五、智擒鳌拜

　　康熙十四岁亲政，鳌拜大权独揽，仍把持着权力不放，要把年轻的皇帝变成任凭自己摆布的傀儡。苏克萨哈要求辞职,还政皇帝。这一举动触及鳌拜要害,因为排名第一位的苏克萨哈辞职(时索尼已死),遏必隆、鳌拜势必也要让出辅政的职务,鳌拜不甘心退出政治舞台,他诬陷苏克萨哈的辞职"背负先帝""别怀异心"(《清史稿·苏克萨哈传》),罗织二十四条罪状,要把苏克萨哈斩首抄家。康熙不同意,以"核议未当,不许所请"。但跋扈成性的鳌拜在康熙面前挥拳捶胸,疾言厉色,对康熙恐吓要挟,最后连康熙也无法改变鳌拜的决定,结果苏克萨哈被处绞刑。

"是可忍孰不可忍",年轻有为的康熙如何能容忍这样骄横凶狠的权臣。他在暗中准备着。他挑选了一批有勇力的少年侍卫在宫中练习布库(即摔跤)。鳌拜上朝也不回避。鳌拜以为不过是小孩子的游戏,不以为意,他误以为"帝弱好弄","心益坦然"(《啸亭杂录》),未加戒备。

康熙的祖母孝庄太后具有崇高威望和非凡才智,不容许任何人侵犯自己心爱的孙子。各种势力迅速地倒向皇帝一边。客观形势对鳌拜愈来愈不利,而他还懵然不察。康熙八年(1669)五月,武力夺权的时机终于到来。康熙与索额图密谋,将鳌拜的亲信派往各地,离开京城,又让自己的亲信掌握了京师的卫戍权。康熙召集侍卫武士说:"你们都是我的股肱亲旧,你们怕我,还是怕鳌拜?"大家说:"怕皇帝。"(《啸亭杂录》)康熙即宣布鳌拜罪状。在鳌拜单独入朝时,由布库少年突然擒拿下狱,宣布鳌拜三十条罪状。但念鳌拜资深年久,屡立战功,且无篡弑之迹,康熙对他宽大处理,免死禁锢,其党羽或死或革。康熙夺回政权,经过周密策划,精心布置，不动声色，没有动用大军，没有经过恶战，在社会上未发生重大骚动，所以人们评论他："声色不动而除巨恶，信难能也。"（《啸亭杂录》）

　　康熙清除鳌拜集团，使皇权巩固，扭转了倒退的政策趋势，撇开了阻挠历史前进的保守力量，使清王朝的封建化和满汉融合的政策得以贯彻，为进一步恢复生产力，削平割据，抵御俄国入侵，实现国家统一，建立繁荣的康雍乾盛世奠定了基础。

雍正的历史舞台

雍正是一位十分复杂而矛盾的历史人物。他是勇于革新、勤于理政的杰出政治家，他对康熙晚年的积弊进行改革整顿，一扫颓风，使吏治澄清，统治稳定，国库充盈，人民负担减轻。但他毕竟是封建皇帝，有着重大过失和种种局限。

雍正的主要功绩有：

摊丁入地。这是一项重大的赋税改革。中国自古就有人丁税，成年男子，不论贫富，均须缴纳人头税。雍正实行改革，将人丁税摊入地亩，按地亩之多少定纳税之数目。地多者多纳，地少者少纳，无地者不纳，是谓"摊丁入地"，一举取消了人头税。这项措施有利于贫民而不利于地主，是我国财政赋税史上的一项重大改革。

耗羡归公。我国古代以银、铜为货币，征税时，银两在兑换、熔铸、保存、运解中有一定损耗，故征税时有一定附加费，此项附加费称"耗羡"或"火耗"，一向由地方州县征收，作为地方办公及官吏们的额外收入。耗羡无法定征收额，州县随心所欲，从重征收，有的抽正税一两，耗羡达五六钱，人民负担甚重。雍正实行"耗羡归公"，将此项附加费变为法定税款，固定税额，由督抚统一管理。所得税款，除办公费用外，作为"养廉银"，大幅度提高官吏们的俸入。这样，既减轻了人民负担，又保证了廉政的推行。故雍正说："自行此法以来，吏治稍得澄清，闾阎咸免扰累。"

创立军机处，推广奏折制度。明代权力集于内阁，故有权相产生。清雍正把权力进一步集中在皇帝手中，创立军机处，作为皇帝的秘书班子，为皇帝出主意，写文件，理政务，"军国大计，罔不总揽"。其特点是处理政事迅速而机密。军机大臣直接与各地、各部打交道，了解地方情形，传达皇帝意旨。此机构存在二百年，直至清末。与创立军机处伴随的是推广奏折制度。之前的官文书批转手续繁复，且经多人阅看，时间拖延且难于保密，而奏折则向皇帝直接呈送，直达皇帝本人。雍正扩大了可向皇帝上奏折的人数，不同身份的官吏可以及时反映情况，报告政务，使皇帝洞察下情，以便制定政策，也使官员们相互监督，皇帝得以了解他们的贤愚、勤惰、政绩、操守。

改土归流。我国西南及其他一些少数民族聚居的地区，实行土司制度，其职务为世袭，仅名义上接受清朝的册封。土司们生杀予夺、骄恣专擅。这种制度妨碍了国家的统一和地区经济文化的发展。雍正即位后，废除了云南、贵州、广西、四川、湖南各地的许多土司，改成和全国一致的州县制度。"改土归流"是一场激烈的斗争，许多土司武装反抗，雍正坚决派兵平定。在平叛战争中虽然也累及无辜，给少数民族造成伤害，但从长远来说，"改土归流"是进步的措施，打击和限制了土司的割据和特权，对民族地区的经济、文化发展有利。

此外，雍正还有许多值得称道的政绩，如惩治贪污、解放贱民、平定罗卜藏丹津、始派驻藏大臣等，为中国的统一与发展做出了贡献。

但是，雍正也有严重的过失和局限。他在位期间虽没有出现大规模的农民起义，但零散的反抗经常发生。雍正的镇压措施十分严厉，不论具体情节，抗官者即以反叛论处，斩杀不赦。甚至拒捕时，有人"共在一处，虽非下手之人，在旁目观，即系同恶共济"，均斩立决。对民间秘密结社，嘱咐官吏们"时时察访，弋获首恶，拔树寻根，永断瓜葛"。苏州手工业工人要求增加工资，罢工叫歇，雍正严加惩处，立碑永禁叫歇。雍正时文字狱日益频繁，汪景祺因"谄附"年羹尧被立斩枭首，查嗣庭因趋奉隆科多被戮尸示众，陆生楠因议论时政被军前正法。最为轰动的是吕留良案。吕留良是清初具有民族思想的学者，已去世四十年，后有曾静、张熙读吕氏之书，受其影响，竟去策反岳钟琪，要他反清复明，酿成大案。吕留良被开棺戮尸，其儿子、学生被处死刑。雍正朝文网甚密，株连人众，处刑严酷。知识分子动辄得咎，形成闭眼不敢看现实、缄口不敢谈政治的沉闷风气。

雍正遵奉重农业、轻工商的信条。他说："农为天下之本务，而工贾皆其末也。市肆之中多一工作之人，即田亩之中少一耕稼之人。群趋为工，则物之制造者必多，物多则售卖不易，必至壅滞而价贱，是逐末之人多，不但有害于农，而并有害于工也。"根据这一理论制定的政策必然不利于工商业的发展。他又认为，开矿"断不可行"，因为开矿将引诱人们离开农本，追求末业，而且矿工聚集一地，易于闹事。

雍正在对外交往中亦故步自封。当时来华贸易的外国商人日益增多，但雍正却不许中国商人出洋贸易，并设置种种障碍，声言"海禁宁严毋宽，余无善策"。后来，在沿海各省的再三要求下，虽稍稍放宽海禁，但仍加以种种限制。尤其对久住外国的华侨商贩和劳工，"逾期不归，甘心流移外方，无可悯惜，不许其复回内地"。当时，西方先进国家正在鼓励海外贸易，而中国即使是杰出的君主也缺乏世界眼光，限制对外交易，故而成为国际潮流中的落伍者。

雍正还好大喜功，急于求成。正因如此，河南垦荒，四川清丈，陕西挖井，直隶营田，本意为利民，却劳而无功，反成民间之累。他的性情褊急，喜怒无常，手段残酷，造成了许多冤案错案。他死后，乾隆即位，一反雍正苛严之治，实行"宽严相济"的方针，昭雪死者，释放囚犯，缓和了矛盾。故后人评："纯皇帝（乾隆）即位时，承宪皇帝（雍正）严肃之后，皆以宽大为政……万民欢悦，颂声如雷。"

雍正即位的历史疑谜

电视连续剧《雍正王朝》描述并赞扬了雍正帝的历史功绩。雍正的确是一位安邦治国的杰出政治家。电视剧围绕当年太子的废立、皇位的争夺、惩治贪污、西北用兵等展开了一幕又一幕惊心动魄的斗争。我这里只是从一个历史研究者的角度，对雍正即位的问题谈点个人见解。

一

关于雍正继承帝位，历史学界从来就有两种意见：一种认为雍正是由康熙临终传位的合法君主，另一种认为雍正即位是夺权篡立。后一种篡立说由孟森、王钟翰、许曾重、杨珍等学者进行研究，提供了越来越多的且坚实的证据。

康熙六十一年（1722）冬，康熙帝在热河和南苑行猎之后"偶感风寒"，住在畅春园休息，命皇四子胤禛往天坛代行冬至祭典。十一月十三日凌晨，康熙帝病情恶化，至夜间猝然逝世。据称：临终遗言由皇四子胤禛即位，即雍正帝。

官书言之凿凿，似无可怀疑。但当时社会上流言四起，说雍正系篡立夺位，较早见于记载者为《大义觉迷录》，其中说：

> 先帝欲将大统传与允禵，圣躬不豫时，降旨召允禵来京，其旨为隆科多所隐，先帝宾天之日，允禵不到，隆科多传旨，遂立当今。
>
> 圣祖皇帝原传十四阿哥允禵天下，皇上将"十"字改为"于"字。
>
> 圣祖皇帝在畅春园病重，皇上就进一碗人参汤，不知何如，圣祖皇帝就崩了驾，皇上就登了位，随将允禵调回囚禁。太后要见允禵，皇上大怒，太后于铁柱上撞死。

此处所说雍正夺位的情节，曲折离奇，与官书记载大相径庭。一方面官方文书不可全信，因为它是雍正即位后编写的，自然不会有篡立的痕迹。另一方面民间流言亦不可全信，因为这些流言多出自雍正政敌之口。雍正即位之谜遂扑朔迷离，成为千古疑案。例如改写遗诏之说是不可能的。按照清朝的书写格式，允禵写作"皇十四子"，胤禛写作"皇四子"，第一个"皇"字不可省略，改诏是不可能的。但否定这一民间传言，并不排斥雍正的矫诏篡立。雍正即位确实存在许多疑点，这件公案扑朔迷离、众说纷纭，成为千古疑案。

康熙晚年，因太子废立，闹得举朝不安，储位虚悬已十年之久。但康熙心目中似乎已将皇十四子允禵视为自己的接班人。当时准噶尔入侵西藏，清援军入藏战败，西线军情紧急。康熙五十七年（1718），允禵被任命为抚远大将军，率大军西征。这次援藏之役，出兵多、任务重。当时，太子人选正待确定，康熙给允禵这一重大任命，当意有所属，大概是为了考验和锻炼允禵的才能。为了树立允禵的威信，此次出兵仪式隆重，规格甚高，康熙亲"诣堂子行礼"。允禵可用正黄旗纛，称大将军王。随允禵出征的有一批亲王、郡王及康熙的几个爱孙。康熙十分看重允禵的才能，对蒙古亲王说："大将军王是我皇子，确系良将，带领大军。深知有带兵才能，故令掌生杀重任。尔等或军务，或巨细事项，均应谨遵大将军王指示，如能诚意奋勉，即与我当面训示无异。"（《抚远大将军奏议》）

允禵到前线后，康熙对他关怀备至，屡通音问，告诉他"阿玛、额娘身体都好……自去年以来，一剂药也没吃……上炕时不再需要旁人扶持，骑马时也不用安放马镫了"，"朕的白头发、白胡子有些变青了，你不要将此告诉别人"。（《满文朱谕》）允禵在前线两年内受赏赐物件、食品达十六次之多，包括眼镜、鼻烟壶、康熙用过的腰带，"凡有各省进献之佳品，父皇皆一项不漏，立即赏给臣"（《满文朱批奏折》）。允禵的几个儿子也被康熙带到热河"仁爱训育"，使他们"时常依绕皇祖膝前"（《满文朱批奏折》）。允禵的儿子弘春和女儿结婚，康熙亲自照料，赏赐财物、妆奁。康熙给允禵兵权，且关系十分亲密，这在当时已给人以允禵将是接班人的印象。故皇九子允禟说允禵"聪明绝世"，"才德双全，我弟兄们皆不如"，"十四爷现今出兵，皇上看的很重，将来这皇太子一定是他"（《文献丛编·允禩允禟案》）。连当时的朝拜使者也说："十四王拥兵在外，屡建大功，众心咸属。"（《燕行录》）

把这些记载与雍正夺位后对允禵出任大将军之事的评论相对照，雍正说："（康熙）知允禵在京毫无用处，况秉性愚悍，素不安静，实借此驱逐之意也。"（《大义觉迷录》）照这说法，康熙竟会派一愚悍、不安静的儿子担任大将军之职，视军务如儿戏？这是不可信的，是雍正为了破坏允禵形象的诋毁之词。

二

康熙怎样传位给雍正，据官书所说，也是破绽百出，无以自圆其说。最早是雍正元年（1723）八月上谕："圣祖……命朕缵承统绪，于去年十一月十三日仓猝之间，一言而定大计。"这里未提及听到遗命的人。至雍正五年（1727）十月上谕说："皇考升遐之日，召朕之诸兄弟及隆科多入见，面降谕旨，以大统付朕。是大臣之内，承旨者唯隆科多一人。"这里出现了诸皇子和隆科多聆听遗命的记载。至雍正七年（1729）九月，雍正为了驳斥夺位流言，写《大义觉迷录》，叙述康熙临终授命情形，极为详细具体：

> 康熙六十一年十一月冬至之前，朕奉皇考之命，

代祀南郊。时皇考圣躬不豫，静摄于畅春园……至十三日，皇考召朕于斋所。朕未至畅春园之先，皇考命诚亲王允祉、淳亲王允祐、阿其那（允禩）、塞思黑（允禟）、允䄉、允祹、怡亲王允祥、原任理藩院尚书隆科多至御榻前，谕曰："皇四子人品贵重，深肖朕躬，必能克承大统，著继朕即皇帝位。"是时，庄亲王允禄、果亲王允礼、贝勒允禓、贝子允祎俱在寝宫外祗候。及朕驰至问安，皇考告以症候日增之故，朕含泪劝慰。其夜戌时，龙驭上宾。朕哀恸呼号，实不欲生，隆科多乃述皇考遗诏。朕闻之惊恸，昏仆于地。诚亲王等向朕叩首，劝朕节哀。朕始强起办理大事。

这段话存在许多问题：其一，康熙传位的重要情况，按理当在雍正即位之初，即行披露，何以延至七年之后才说出来？其二，雍正一直强调，自己在康熙去世之前，不知道会继承帝位："朕向者不特无意于大位，心实苦之。前岁十一月十三日，皇考始下旨意，朕竟不知。朕若知之，自别有道理，皇考宾天之后，方宣旨于朕。"（《上谕内阁》）而按照《大义觉迷录》所言，雍正在康熙弥留之前八个时辰赶到了病榻前，其时康熙尚能言语，"皇考告以症候日增之故"，何以康熙未向雍正透露已传位于他？这是何等大事，是康熙遗忘了吗，还是向雍正保密？这都于理不通。而且已听到康熙面谕传位的兄弟们和隆科多亦无一言道及，直到康熙死后，"隆科多乃述皇考遗诏"，情形未免离奇。其三，隆科多既是面承遗诏的"唯一大臣",而雍正五年(1727)的谕旨中却说"圣祖仁皇帝升遐之日,隆科多并未在御前,亦未派出近御之人"(《东华录》),前言后语相互矛盾。其四,雍正说,康熙死时,果亲王允礼(皇十七子)亦"在寝宫外祗候",而隆科多却说:"圣祖皇帝宾天之日,臣先回京城,果亲王在内(指皇宫内)值班,闻大事出,与臣遇于西直门大街,告以皇上绍登大位之言,果亲王神色乖张,有类疯狂,闻其奔回邸,并未在宫迎驾伺候。"(《上谕八旗》)可见允礼并不在"寝宫外祗候",他听到康熙去世的消息后立即赶往畅春园,在西直门大街遇到隆科多,才听说雍正即位,深感意外,甚为惊骇,逃回家去。其五,据雍正说:"皇考升遐之日,朕在哀痛之时,塞思黑(允禟)突至朕前,箕踞对坐,傲慢无礼,其意大不可测。"(《大义觉迷录》)"圣祖仁皇帝宾天时,阿其那(允禩)并不哀戚,乃于院外倚柱,独立凝思,派办事务,全然不理,亦不回答,其怨忿可知。"(《清世宗实录》)允禩、允禟的举止不像是八个时辰以前已聆听康熙的传位遗言,而像是康熙刚刚逝世,听到雍正即位的消息而胸怀激愤之情。由此可见,所谓八人受康熙面谕传位雍正的事十分可疑,很可能是在七年之后伪造出来的。

三

从皇族中人对雍正即位的反应亦可看出问题。雍正的兄弟很多,支持雍正即位的只有皇十三子允祥一人。皇十四子允禵和雍正是一母所生，二人又是角逐帝位的死敌。允禵从军前调回北京奔丧，与雍正发生口角冲突，被永远囚禁。皇八子允禩、皇九子允禟是雍正的死对头，他们势力大、影响广，对雍正篡立不服，进行抵制，是雍正的重点打击对象，至雍正四年（1726），允禩、允禟被迫害致死。两人死后雍正把他们改名为阿其那（狗）、塞思黑（猪），可见积恨之深。皇十子允䄉是允禩一党，雍正二年（1724）即永遭囚禁。皇三子允祉也反对雍正即位，雍正说他"与阿其那、塞思黑、允禵交相党附"（《清史稿》）。其子弘晟看不惯四叔的作为，雍正斥其"凶顽狂纵，助父为虐"，与父亲同被禁锢。皇五子允祺是位胆小怕事的人，但他的儿子弘昇也对雍正不满，被削除世子。皇十二弟允祹，本封履郡王，于雍正元年因"并不感激效力"，降为贝子。其他兄弟年龄较小，未卷入皇位的争夺，故得保全。雍正的生母德妃，民间流言说她触柱而死，虽无确切佐证，但雍正和允禵两个亲生儿子为争位而拼得你死我活，小儿子被大儿子终身囚禁，她在康熙去世、允禵被囚后"不饮不食"，不久死亡，其死因可能与帝位争夺、兄弟阋墙有关。连雍正的大儿子弘时（三阿哥）也不满父亲的所作所为，有所抗争，雍正竟和他断绝父子之情，令他去当允禩的儿子。雍正四年（1726）二月十八日奉旨："弘时为人断不可留于宫廷，是以令为允禩之子。今允禩缘罪撤去黄带，玉牒内已除名，弘时岂可不撤黄带？著即撤去黄带，交与允祹，令其约束养赡。"（《宫中档雍正朝奏折》）到雍正五年（1727），弘时又进一步与其他几个皇室兄弟获罪，被雍正赐死。

雍正初年，皇室内部这场血腥的屠杀，是雍正篡立而引起皇族内部的集体抗争，不仅他的许多兄弟参加了，连他的生母、亲子也站在敌对营垒中。朝内外稍知情形者均不支持雍正的行为，不服的人很多。故雍正说："在廷诸臣为廉亲王（允禩）所愚，反以朕为过于苛刻，为伊抱屈，即朕屡降谕旨之时，审察众人神色，未尝尽以廉亲王为非。"（《上谕内阁》）故在清除允禩、允禟集团时被株连杀害的皇室、大臣甚多。连朝鲜的史料中也说："清皇（雍正）为人自圣，多苛刻之政，康熙旧臣死者数百人。"（《朝鲜李朝实录中的中国史料》）如果雍正确属康熙传位，是合法继承，就难以想象会集结起这样强大的反对力量，会激起众叛亲离，成为孤家寡人。

雍正对年羹尧、隆科多、张廷玉等大臣的态度也很令人费解。这三人都是雍正夺位的功臣，年羹尧是雍邸旧人，妹妹是雍正的贵妃。当时，允禵在西北为大将军王，手握重兵。雍正夺位，按当时的集权体制，允禵很难举兵反抗，但雍正也不能不心存顾虑。当时年羹尧任川陕总督，掌管粮饷，扼允禵之后路，正好是牵制允禵的一枚重要棋子。故雍正对年羹尧极为倚重，言听计从，荣宠异常。雍正给年羹尧的批语中有些甜言蜜语："你此番行，朕实不知如何心疼你……尔此等用心爱我处，朕皆体到，每向怡（怡亲王允祥）、舅（隆科多），朕皆落泪告之。"雍正二年（1724）十月年羹尧到北京，雍正尚称其"公忠体国，不矜不伐，内外臣工当以为法，朕实嘉重之至"。(《雍正朱谕》)不久，雍正突然翻脸。年羹尧的奏折中"朝乾夕惕"被误写作"夕惕朝乾"，雍正斥其有意倒置，"羹尧不以朝乾夕惕许朕，则羹尧青海之功，亦在朕许不许之间未定也"(《清史稿》)，将年羹尧贬为杭州将军。官员们看到年羹尧失宠，纷纷上奏劾，不久逮年羹尧至北京，胪列九十二条罪状，令其自尽。

另一功臣隆科多，以国舅之尊任职步军统领，掌管北京的卫戍任务。康熙去世，他正手握兵权，一手促成雍正登基。雍正以前和隆科多交谊不深，在关键时刻隆科多倒向雍正一边，雍正对他感激涕零，尽心笼络，脱略了君臣的形迹。雍正即位，对年羹尧说："舅舅隆科多，此人朕与尔先前不但不深知他，真正大错了。此人真圣祖皇考忠臣，朕之功臣，国家良臣，真正当代第一超群拔类之希世大臣也。"隆科多究竟立了什么大功，值得雍正这样吹捧他，不能不令人怀疑。后来雍正也突然翻脸，以隆科多私藏玉牒(皇帝的家谱)在家，犯大不敬罪，罗织罪名四十一条，囚禁至死。

如果说年羹尧、隆科多恃宠狂傲、擅作威福、贪污纳贿、任用私人，那也是雍正娇宠太过而造成的。年羹尧、隆科多一贯的作为，雍正心内始终很清楚，何以即位之初甜言蜜语，而后突然翻脸，即屠杀囚禁，前恭后倨，一至于此？雍正曾批评："年羹尧、隆科多办事不能慎密。"如果雍正继统有不可告人的秘密，年羹尧、隆科多二人完全掌握其中隐私，他们平时出言不慎，透露了消息，可能是遭到杀身之祸的主要原因。

康熙晚年，身边有一位内务府重要官员赵昌，他贴身侍候康熙，照料其起居，传达其意旨，康熙晚年和传教士的交往都通过赵昌进行。据当时在京的意大利传教士马国贤说："雍正即位，发布了一个使全国震惊的命令，赵昌被拘执，处死刑，财产抄没，子女为奴。"（《京廷十有三年记》）为什么雍正即位后急急忙忙要处死此人？合理的解释是：赵昌知道康熙去世和传位的真相，而且不肯附和雍正，所以拿他问了刀。最近出版了《雍正朝满文朱批奏折全译》，雍正元年正月初六即赫然列有查抄赵昌家产的奏折，计有奴才家丁四百余人、房五百余间、田地五千六百余亩及大批金银物件，可以证实马国贤所说赵昌很快被杀为不虚。

张廷玉的命运和年羹尧、隆科多、赵昌完全不同。康熙晚年，张廷玉还是中级官吏，且是汉人，对雍正登基帮不上忙。雍正即位后，他被提拔上来，做文字工作，雍正夸奖他纂"修《圣祖仁皇帝实录》，宣力独多，每年遵旨缮写上谕，悉能详达朕意"（《清世宗实录》）。《实录》是清朝的历史，康熙晚年有太子废立和雍正继统两件大事，如何编写这段历史，关系到雍正的威信和名誉。张廷玉纂修《实录》，把历史剪裁得完全符合雍正的心意，而且天衣无缝，不留破绽。故雍正特别宠信他，称他是"第一宣力之大臣"，允诺张廷玉死后可配享太庙，有清一代，汉臣中得此殊荣者唯张廷玉一人。其实，张廷玉专事笔墨文字，从未建功立业，他的功劳就是撰写历史，销毁档案，为雍正掩饰当年夺位的真相。张廷玉还有一个不同于年羹尧、隆科多的长处，就是保密，不从自己嘴里流露半点机密，他的作风影响到后来的军机处。"致使汪文端、于文襄辈（汪由敦、于敏中皆乾隆时军机大臣）互相承其衣钵，缄默成风，朝局为之一变。"（《啸亭杂录》）

雍正如果矫诏夺位，又用残酷手段处置了诸兄弟和儿子，那就不能不受到良心的谴责。后来乾隆说：允禩、允禟"觊觎窥窃，诚所不免。及皇考绍登大宝，怨尤诽谤，亦情事所有，特未有显然悖逆之迹。皇考晚年屡向朕谕及，愀然不乐"。这明显透露了雍正的惭愧不安，故乾隆即位后，很快就为牵涉于此案中的哥哥、叔叔及宗室、大臣们平反昭雪。

雍正的举动也很异常。他口口声声说自己是最受康熙爱重的孝顺儿子，但即位之后，似乎很害怕康熙的亡灵。康熙一直住在畅春园，这是当时规模最大、富丽堂皇的皇家园林，雍正弃而不用，另营新居，大兴土木，扩建圆明园，作为自己起居的行宫。康熙经常去热河避暑山庄，行围打猎，练兵习武，接待蒙古王公，雍正先前也常陪侍父皇去热河。但他即位以后的十三年，一次也没有去过避暑山庄。顺治、康熙的陵墓都在北京以东的遵化马兰峪，此处形势雄峻、地面开阔，后称"东陵"。雍正偏偏不肯和康熙葬在一起，到北京西南易县，另建"西陵"，仿佛在故意躲着康熙。须知，尽管雍正雄才大略，很有见识，但迷信思想很浓重，他说："鬼神之事，即天地之理，不可以偶忽也，凡小而丘陵，大而川岳，莫不有神焉主之，故皆当敬信而尊事。""朕于天人感应之际，信之甚笃。"（《东华录》）一个相信天命鬼神的人如果干了对不起父亲、兄弟的事，他就会心中有鬼，无论起居、娱乐、埋葬都要远远地躲开他父亲的亡灵。这虽然算不上夺位的直接证据，但如果其他证据能够成立，也不失为一个旁证。

雍正即位存在很多疑点，很可能是矫诏篡立，由于改写了历史，销毁了档案，现在难以找到更确凿的证据，斧声烛影，是千古难解的疑案。当然，即使篡立是实，也不能抹杀雍正的历史功绩。应该说，封建统治阶级为争夺权位而相互残杀是经常发生的。汉武帝攻杀儿子，唐太宗屠弟逼父杀子，武则天杀子，即使是英明的君主也往往用阴谋手段和残酷斗争来为自己开辟道路、巩固地位，雍正并不是个例外。雍正，作为最高统治者，他具有杰出的才能，勤于政务，洞察下情，办事认真，御下严格，以雷厉风行的手段纠正了康熙晚年吏治疲玩、贪污公行的弊端，又实行"地丁合一""耗羡归公""改土归流"等政策，减轻人民负担，促进经济发展，巩固国家统一。雍正统治十三年，厉行整顿改革，为以后的乾隆盛世奠定了基础。

乾隆帝与乾隆朝

乾隆皇帝姓爱新觉罗，名弘历。生于清康熙五十年（1711），死于嘉庆四年（1799），享年八十八岁。他在位六十年，传位于皇十五子颙琰（即嘉庆帝），又当了三年多的太上皇。他是中国历代帝王中寿命最长的一个，在位时间仅比其祖父康熙少一年而居第二，但做太上皇时仍独揽大权，因此，他实际掌握权力的时间比所有的帝王都长。

乾隆帝的生父为雍正帝，生母为钮祜禄氏。其母初为雍亲王府格格，后被尊为孝圣宪皇后。雍正有十个儿子，多早殇。乾隆排行第四，初封和硕宝亲王，幼即聪颖，深得祖父、父亲的宠爱。雍正即位时，定秘密建储的制度，将弘历的名字密写封缄，藏于大内乾清宫"正大光明"匾额之后，雍正病逝，启视传位密诏，弘历继皇帝位。1736年，改元乾隆。皇位授受之际，没有经过祖辈、父辈那样刀光剑影、惊心动魄的激烈争夺。他即位，既有雍正皇皇遗诏的合法根据，又他兄弟十人大多已不在人世，即位时在世的只有两位弟弟，一位是与他同母的五弟弘昼（封和亲王），另一位是年仅两岁的十弟弘曕（后封果亲王）。这两个人的地位、才智或年龄均不足以与弘历争逐帝位。因此，乾隆即位，顺利接班，风平浪静，没有发生政治动荡。

乾隆统治时期，清王朝国力鼎盛。当时，经济繁荣、国库充裕、社会安定、户口大增，边疆的统一得以巩固，中国的版图于此奠定。而政治、经济、军事、文化达到了封建社会前所未有的高峰。但在高度的繁荣昌盛之中，社会矛盾逐渐激化，外国资本主义势力也叩关而至，清王朝走过了全盛的阶段，几千年从未有过的严重危机正在日益临近。

研究乾隆帝，既要研究他的思想、行为、政策、功绩、失误，也要研究他的经历、性格、才能、爱好、心态，而更重要的是要着眼于一个时代，即 18 世纪的中国。乾隆帝诞生于 18 世纪之初，逝世于 18 世纪的最后年代，高度发达的中国封建社会培育了这样一个有才能、有作为、有个性的统治者，产生了一位既仁慈又残暴，既英明又短视的君主。他的思想、行动和制定的政策是在中国 18 世纪的特定环境中形成的，甚至他的优点和缺点都鲜明地具有时代的特色。环境造就了历史人物，而人物又在改变、创造环境。乾隆帝长时期站在 18 世纪的最前列，运筹帷幄，驱遣群僚，叱咤风云，在他的巨大身影下，翻过了一页又一页的历史篇章。他的所思、所言、所行深刻地影响着时代。他是 18 世纪中国历史的参与者、领导者和塑造者。

一

乾隆帝知识广博、才能卓越，自幼聪慧。十一岁时晋谒祖父康熙帝，当面背诵书文，一字无误，得到老皇帝的欢心，被养育宫中，随侍左右。乾隆帝后来经常怀念这段经历，视为不世之恩荣。少年和青年时代受到严格的、良好的教育，熟读儒家经典，得到名师福敏、蔡世远、朱轼等的教导，研经习史，作文吟诗，又酷爱书法、图画、文物，精娴音律，热心园林建筑，全面通晓中国的传统文化。他的爱好和才能是多方面的，兼具学者、诗人、艺术家、鉴赏家的气质，又通晓多种语言，不但精于汉文，又熟谙满语，与大臣讨论政事，经常使用满语；还懂得蒙古语、维吾尔语、藏语，能和来朝的少数民族领袖直接交谈；而且爱好体育武事，经常骑马射箭、秋狝围猎，观看水嬉、摔跤、龙舟等。曾多年随侍皇帝左右的著名历史学家赵翼说："上最善射，每夏日引见武官毕，即在宫门外较射，秋出塞亦如之。射以三番为率，番必三矢，每发辄中圆的。九矢率中六七者，此余所常见者。"[1]由于勤习武事，经常锻炼，故身体健康、精力过人，很少生病。乾隆五十五年（1790），他已七十九岁，朝鲜使者洪仁点觐见后，说他尚"如六十余岁人，筋力则耳目聪明，步履便捷矣"[2]。

乾隆帝身材匀称，丰腴而略矮，身高约一米六（据觐见

---

[1] 赵翼：《簷曝杂记》卷一。
[2] 《朝鲜李朝实录中的中国史料》，第11册，第4829页。

他的英国使团人员说身高五英尺二英寸，约一米六）。脸庞呈长方同字形，两腮稍削，皮肤白皙，微带红润，眼睛黑而明亮，炯炯有神，鼻稍下钩，体态文雅，外表平和。青年时代的乾隆帝是一位英俊潇洒的翩翩佳公子，老年时代则显示出尊严、和蔼与慈祥。

乾隆帝有多方面的兴趣和才能，但作为一位政治家，他勤于理事，始终不懈，独揽大权，能谋有断。他即帝位时是个刚满二十三岁的青年（按中国的传统算法是二十四岁）。在父丧的哀戚气氛中初登宝座，这个青年在俯视着王公百官匍匐脚下，聆听自己的谕旨，高呼万岁时，内心第一次体验到作为"天下主"的愉悦和满足，同时也唤起强烈的使命感。他认识到：治理一个幅员辽阔、情况复杂、问题繁多的庞大帝国，如同进入一个充满着种种弊端、陷阱和阴谋的世界，必须小心谨慎，全力以赴，勤勉从事。他告诫自己："人君之好恶，不可不慎，虽考古书画，为寄情雅致之为，较溺于声色货利为差胜。然与其用志于此，孰若用志于勤政爱民乎？"①在多年之内，工作的重担使他大大减少了生平的爱好——写诗和游景。故初年诗作较少，也不常出外巡游，整天埋头于千头万绪的棘手事务中，处理堆积如山的文牍奏折。赵翼记下了乾隆帝勤政的情形："上每晨起，必以卯刻……自寝宫出，每过一门，必鸣爆竹一声。余辈在直舍，遥闻爆竹声自远渐近，则知圣驾已至乾清宫。计是时，尚须燃烛寸许，

---

① 《御制文三集》卷九《续集＜秘殿珠林＞＜石渠宝笈＞序》。

始天明也。余辈十余人，阅五六日轮一早班，已觉劳苦，孰知上日日如此。"①这是平常无事的情形，如果有战事、河工、赈灾、祀典等重要政务，就更加忙碌，精力贯注、孜孜不倦。例如在平定准噶尔战争中，"每军书旁午，应机指示，必揭要领。或数百言，或数十言，军机大臣承旨出授司员属草，率至腕脱。或军报到以夜分，则预饬内监，虽寝必奏。迨军机大臣得信入直庐，上已披衣览毕，召聆久矣。撰拟缮写，动至一二十刻。上犹秉烛待阅，不稍假寐"②。

乾隆帝夙兴夜寐，孜孜求治，在他统治的前期和中期尤其如此。平日的生活起居也很有规律："卯时而起，进早膳后先览中外庶政，次引公卿大臣与之议决，至午而罢。晚膳后更理未了公事。间或看书、制诗、书字，夜分乃寝。"③他几乎每天如此，循环往复，度过时光。不仅每天的工作和生活都有固定的安排，而且一年四季的行踪、起居，也有近乎不变的日程表。每年正月各种典礼祭祀活动最多，皇帝的活动最繁忙，筵宴宗室王公大臣，必在重华宫吟诗联句，上元节必在圆明园之"山高水长"观看烟火花灯。二月祭社稷，行耤田，开经筵。此时天气渐转暖，从大内移居圆明园。清明则谒东西陵（遵化和易县），或逢巡幸之年，多在本月内启行。四月以后，北方春夏多旱，行雩礼以祈雨。五月端午在圆明园福海观龙舟竞渡。夏秋间，多往避暑山庄，每去必

---

① 赵翼：《簷曝杂记》卷一。
② 昭梿：《啸亭杂录》卷三。
③ 《朝鲜李朝实录中的中国史料》，第11册，第4892页。

住两三个月,大会蒙古王公,举行木兰秋狝。夏秋如在北京,常去清漪园、玉泉山、香山、汤山、盘山的行宫走动,有时也在南苑骑射行围。八月为乾隆寿诞,十一月为皇太后寿诞,这是两个最重要的节庆日,张灯结彩,点景演戏,成为全国的娱乐日。十一月冬至,举行隆重的祀天大典,从此由圆明园回居大内。十二月朔日开笔写"福"字,分赐王公大臣。年底,外藩来觐,又必有络绎不绝的召见、赏赐、宴请,至于皇太后处,每隔几天必去请安问好。这一大致的日程表,岁以为常,周而复始。乾隆帝就像舞台上的演员一样,按照编写好的剧本,扮演皇帝这一角色。当然,突发事件和皇帝个人一时兴会所至,随时可以改变日程,但一年的生活起居大致脱离不了这一刻板的程序。一个专制皇帝拥有绝对权力,他自然可以自由自在地做他想做的事情,而实际上,他的行动却按着固定的节拍机械地运转着,不过,这种固定节拍由传统、习惯、礼仪需要所形成,皇帝自觉自愿地接受,已变成了专制皇帝个人意志的一部分。

  传说中把乾隆帝说成是充满奇闻轶事的风流天子。其实,他的生活很有节制,不喜饮酒,他一生写了几万首诗,从不以"酒"字入诗,从不暴饮暴食,即使举行庆节贺宴,也是日落而止,不举行夜宴,"凡曲宴廷臣,率不过未申时"[1]。他处事有条理,不躁不乱,很有涵养。他自己说:"'事烦心不乱,食少病无侵。'此二语为予养心养身良方,原别无

---

[1] 《御制诗文十全集》卷四四《上元后一日小宴廷臣即事得句》,以下所引《御制诗》《御制文》均系乾隆朝。

求养生之术也。"① 和其他皇帝一样，他有三宫六院许多嫔妃，却并不沉溺女色。他和自己的结发妻孝贤皇后富察氏感情极笃，伉俪情深，皇后不幸于乾隆十三年（1748）早逝，其时乾隆年仅三十六岁，哀伤思念，直至晚年。他历年写了许多富有深情的悼念诗赋，其中一首说，"纵糟糠之未历，实同甘而共辛"，"影与形兮难去一，居忽忽兮如有失"，"信人生之如梦兮，了万事之皆虚。呜呼！悲莫悲兮生别离，失内佐兮孰予随"②。继立乌喇那拉氏为皇后，但与继皇后感情不和。乾隆三十年（1765）第四次南巡，至杭州，因事龃龉，皇后忿恚，自剪其发，乾隆震怒，置继皇后于别宫。翌年皇后死，乾隆帝不以后礼相待，只以皇贵妃礼仪治丧。从此之后，再也不立皇后。帝内宫虽有爱宠，但管理严格，不准胡作非为。晚年有爱妃惇妃，恃宠骄横，宫女得罪，竟被杖责致死。乾隆帝恼怒，将惇妃降革为嫔，谕旨说："事关人命，其得罪本属不轻，第念其曾育公主，故量从末减耳。若就案情而论，即将伊位号摈黜，亦岂得为过当乎！"③

乾隆帝受儒家政治哲学的熏陶，以之作为治国的指导思想，他视君主为政治社会结构中的主体，"君者为人伦之极，五伦无不系于君"④；"臣奉君、子遵父、妻从夫，不可倒置也"⑤。他也很重视儒家学说中的民本思想，认为君主有

---

① 《御制诗五集》卷一三《偶园》。
② 《御制文初集》卷二四《述悲赋》。
③ 《清实录》乾隆四十三年十一月甲午。
④ 同上书，乾隆三十一年二月甲辰。
⑤ 同上书，乾隆十一年六月甲申。

责任保护民生、关怀民瘼、重视民心。"民之所与,即天之所与,是以人君祈天永命,莫先于爱民。得民心则为贤而与之,失民心则为否而夺之。可不慎乎?可不惧乎?"①他认为:君主应养育万民,控驭万民,就像父亲对待儿女一样。庶民安居乐业,政权才能巩固、长存。人民的力量以被动的形式明显地反映在他的政策中。他曾模仿李迪的《鸡雏待饲图》作画一幅,墨刻多份,赐给各省督抚们,要他们照顾百姓,就像照料饲养的小鸡一样,"即雏哺之微,寓牧民之旨……欲督抚等体朕惠爱黎元之心,时时以保赤为念,遇有灾赈事务,实心经理,勿忘小民嗷嗷待哺之情"②。这种重民、爱民的思想固然促使他尽可能去减轻人民的负担,改善人民的生活,但并不影响他在很多场合采取严厉的手段去镇压人民起义。他认为:君与民的关系如同父与子,父亲有养子、教子的责任,而儿子亦有尊亲孝父的义务。不论老百姓穷困到什么程度,都不能违犯国法、反抗朝廷。否则就是"刁民""莠民",就是不孝的忤逆之子,人人得而诛之,故"恤民"与"惩奸"是相反相成的两个方面。"盖恤民之与惩奸,二者原相济为用,欲恤民断不可不惩奸,而非惩奸又断不能恤民……务期宽严并济,惩劝兼施,洗因循之积弊,归平康之淳风。"③因此,他对聚众闹赈、抗租抗粮、秘密结社、武装起义竭力镇压,常责怪官吏们姑息养奸、邀誉市恩。他处治此类案件都是从

---

① 《御制文二集》卷三六《读韩愈对禹问》。
② 《清实录》乾隆五十三年十月己亥。
③ 同上书,乾隆八年十月乙亥。

重从严，还斩尽杀绝，决不心慈手软。这方面充分暴露了他作为专制君主的狰狞面目。

乾隆帝统治的时间很长，晚年吏治趋于腐败，诸弊丛生，阶级矛盾尖锐，社会动荡，反抗斗争蜂起。他禅位给儿子嘉庆帝的时候，正值湖北白莲教揭竿而起，发动了轰轰烈烈的大起义，清朝统治盛极而衰。从乾隆帝个人来说，进入老年，理政不如早年之勤劳，用人不如早年之明察，办事不如早年之决断，体力渐衰，精神不支，而一切军国要务仍要由他一人决断。习惯站在权力巅峰的君主不会因自己精力的衰退而让出权力，甚至禅位以后，乾隆仍是实际的统治者，嘉庆仅仅是名义上的皇帝。新皇帝很识趣，"自丙辰（嘉庆元年）即位以来，不欲事事。和珅或以政令奏请皇旨，则辄不省。曰：'惟皇爷处分，朕何敢与焉。'"[①]老皇帝掌握实权，但管不了事，新皇帝又不敢管事，正因为如此，和珅得以狐假虎威，窃取权力，擅作威福。

任何专制统治者，当他经历了漫长的人生道路到达晚年，日益走向生命的终点时，他的知识、经验非常丰富，对生活中出现的问题都形成了一套固定的反应模式，几乎是以不变应万变。他的思想和性格也发生了重要的变化，年轻时代的许多优点，日益向其反面转化：顽强变成顽固，自信变成自诩，严格变成严苛，道德上的正当要求变成僵化的清规戒律。甚至心理失常、行为怪僻，出人意料。人们既不能理解他，

[①]《朝鲜李朝实录中的中国史料》，第12册，第4982页。

又不敢违拗他。他看着以往亲近的伴侣、臣僚、侍役以及从前的敌人，一个个从人世间消逝，连他亲生的十七个儿子也大多数先他离开尘世。只有皇八子永璇（仪亲王）、皇十一子永瑆（成亲王）、皇十五子颙琰（嘉庆帝）、皇十七子永璘（庆亲王）还在他的身边。一批又一批的年轻人在他的宝座下成长、接班、任职，皇帝的周围被越来越多的陌生人占领、包围。由于他据有最高的统治地位，本来就不容易接触实际、了解下情。他在这个日益变得陌生的世界上更加孤寂。他遇事独断，无人可以商量，只能自思自忖，倾听自己心底的回声，越来越难以和其他人进行思想交流。据说乾隆当太上皇时，嘉庆曾与和珅入见。乾隆闭着眼睛，仿佛已经睡着，但口中却念念有词，也不闻是何语言。久之，乾隆忽然睁目问道："这些人什么姓名？"嘉庆不知如何对答，和珅却应声说"高天德、苟文明"（此二人为当时白莲教起义的著名领袖），嘉庆听了也莫名其妙。过了几天，嘉庆"密召珅问曰：'汝前日召对，上皇云何？汝所对作何解？'珅曰：'上皇所诵为西域秘密咒。诵之则所恶之人虽在数千里外，亦当无疾而死，或有奇祸。奴才闻上皇持此咒，知所欲咒者必为教匪悍酋，故以此二人名对也'"[1]。一个叱咤风云的英明君主，晚年对农民起义无可奈何，独自念咒，意欲置敌于死地，这种行为典型地反映出一个意志昏瞀的孤独老翁的心理状态，别人几乎不能理解他。只有一个和珅还能揣摩他的一点心思。

---

[1] 易宗夔：《新世说·术解》。

乾隆帝晚年所作诗文，词语重复，陈话连篇，流露出浓厚的自我陶醉、自我吹嘘，有时又自我忧伤、自我愤懑的气息。

二

乾隆帝即位之前，由于雍正的严刑峻法，社会和官场中弥漫着战战兢兢的紧张、恐慌气氛。乾隆帝决心加以纠正，他悄悄地但又大幅度地调整政策，提出"宽严相济"的方针，要以宽大去纠正前朝的严刻。所谓"纯皇帝（乾隆）即位时，承宪皇帝（雍正）严肃之后，皆以宽大为政。罢开垦、停捐纳、重农桑、汰僧尼之诏累下，万民欢悦，颂声如雷"[①]。尽管乾隆前期改变了雍正严厉的统治方针，但其性质不超过纠偏补过的范围，并非全盘否定前期的方针，特别是雍正时期制定的重要的、正确的政策，乾隆时基本沿袭下来，如地丁合一、耗羡归公、养廉银制度、秘密建储、军机处以及改土归流、对准噶尔议和等。

"宽严相济"的方针几乎和乾隆朝的统治相始终。从根本上说，政策的"宽"或"严"决定于当时的形势和各种社会力量的对比。当社会安定、吏治清明、矛盾缓和的时候，用不着严刑峻法，社会发展任其自然，政策必趋于宽松；一旦矛盾激化，社会呈现无序和纷乱，而政府还保持着一定的权威时，就需要并能够进行严格的整顿。封建社会中不同的

---

① 昭梿：《啸亭杂录》卷一。

客观态势决定其统治政策或张或弛的节奏。乾隆帝很懂得封建的统治术，他的政策时宽时严，宽严结合，适应不同时期的需要。他虽然标榜宽厚，但也经常采取极严厉的镇压手段，以消灭真正的或者只是他臆想中的危害。譬如乾隆十三年（1748）因金川战败而大批诛杀大臣的风波，又如乾隆十六年（1751）至十八年（1753）因伪造孙嘉淦奏稿案而追索株连，祸及无辜，以及乾隆统治中期众多的文字狱。

乾隆时代，中国封建的经济、政治、文化发展到了最高峰，其繁荣盛况大大超过了包括汉唐在内的所有王朝，这可以从以下四个方面来看：

第一是经济方面。乾隆时代经济发展大大超过前代王朝，这可以从人口数量进行测定。乾隆朝以前，历朝历代的人口最高数目约在七千万，许多专家认为：由于统计方法不完善，这个数字比实际偏低，明朝后期中国人口实际已达一亿以上。即使如此，乾隆六年（1741）全国人口已有一亿四千万，即已超过历史上的最高峰值。其后继续增长，至乾隆六十年（1795）达两亿九千七百万人。人口增长必须有农业生产的相应增长作为前提，也就是说，乾隆以前中国社会最多曾经生产过能够养活一亿多人口的粮食，而到乾隆末，中国已能生产足够养活近三亿人之多的粮食，大大超过了历史上的最高水平。农业生产力所以有如此巨大的发展，原因是多方面的：一是社会安定，中原地区长期没有战乱，人民得以安心生产；二是清廷重视农业，奖励垦荒，减免赋税，兴修水利，赈济灾荒，一系列政策措施有力地促进了农业生产；三是农业新品种的推广，主要是番薯、玉米、花生等高产作物在明末传入，在18世纪广为传播，各地普遍种植，使粮食和油料产量大增；四是边疆的开发，乾隆前期经过平定准部、平定回部的战争而巩固了国家的统一与和平，广阔的边疆被纳入中央政府的有效管辖之下，在政府的倡导、支持下，中原地区过剩的人口向四周辐射迁徙，东北、内蒙古、新疆、云贵、台湾地区，人口激增，荒地大量开辟，耕地面积有较大的增加。封建社会的主要生产部门是农业，农业生产力的巨大增长是乾隆时代经济鼎盛、超过了历代王朝水平的主要标志。

手工业方面，在丝织业、棉纺织业、制瓷、采铜、冶铁、造纸、井盐等行业中有了手工业工场或包买商，经济生活中出现了资本主义的萌芽，这些萌芽集中在长江三角洲、珠江三角洲以及若干商业城镇内，从全国范围来说还十分稀少、十分嫩弱，要成长发展到取代汪洋大海般的自给自足的封建小农经济，还要经过遥远而艰难的路程。但新的因素毕竟已经出现，并且手工业无论在质和量上也都超过了前代的水平。此外商业城镇的增加、对外贸易的发展以及国家财政状况、国库贮备都达到了前所未有的水平。

第二是政治方面。清王朝承袭了传统的封建专制君主政体，皇帝统驭全国，享有无上的权威和尊严，在专制君主这一个人身上体现了社会的宏观控制机制。皇帝之下有一整套金字塔式的官僚统治机构，皇帝高高在上，站在金字塔的顶端，并通过它传达谕旨、贯彻命令、执行政策，使庞大、复杂而极不平衡的社会的各个部分相互协调，按照相同的方向和节奏进行有秩序的运转。封建专制政体难以克服的弊端，由于种种原因造成集中在皇帝手中的权力经常旁落，形成母后、外戚、宦官、宰相的专政或藩镇、朋党的争夺，统治阶级内部充塞着无休止的倾轧与纷争。两千多年的封建专制政体和这些弊端相终始，成为自身不可根治的毒瘤。清代的康熙、雍正、乾隆三朝十分注意吸取前期的历史教训，采取一系列预防措施，使这类弊端减轻到最低程度。故有清一代，无外戚、宦官、宰相之专政，藩镇割据曾出现于清初吴三桂等三藩之乱，旋即扑灭。母后擅权发生于晚清之慈禧太后身上，亦无汉、唐两代严重。只有朋党之争，在清代前期极为激烈：努尔哈赤时有其弟舒尔哈齐、其子褚英的分裂活动；皇太极时有四大贝勒之争；顺治年间有多尔衮、豪格、济尔哈朗的斗争；康熙年间有索额图、明珠的分党；康熙时期，围绕皇位继承问题，诸皇子之间各树门户，进行长期争夺，引起社会动荡。

  乾隆帝对承袭下来的专制政治体制有所改进，除对母后、外戚、宦官等严立章程、预先防范外，特别注意解决困扰已久的宗室干政与朋党争权，努力使中央的权力更加集中。当他初登帝位时，周围是雍正任用的王公大臣分掌权力。乾隆帝在皇子时代，长期居住宫中，并未分藩建府，没有自己的亲信部属，亦未担任军政职务，不掌握任何实权。他即位之初，只能承袭父亲时代的统治格局，任用父亲遗留下的工作班子，包括果亲王允礼、庄亲王允禄、平郡王福彭以及鄂尔泰、张廷玉、讷亲等王公大臣。他首先下决心把宗室贵族完全摈斥于权力圈子以外，以根治宗室干政之弊。乾隆三年（1738）果亲王允礼病逝，四年（1739）庄亲王允禄获罪斥革，谕旨责其结党营私，往来诡秘，群相趋奉，恐尾大不掉。同时获罪的有乾隆帝的一批堂兄弟弘晳（理亲王）、弘昇（贝子）、弘晈（宁郡王）、弘昌（贝勒）、弘普（辅国公）。特别是弘晳，他是康熙废太子允礽的嫡子，自幼聪慧，得祖父欢心，陪侍左右。他和康熙帝在一起的时间较乾隆更长。据当时传说：他可能是帝位的继承人。但雍正即位后，他能安分守己，故被封亲王。乾隆初，允禄和弘晳隐然成为宗室王公势力的核心。乾隆帝何等精明，看到了这一隐患，不允许这一势力继续发展，故允禄被革退，弘晳的罪名更大，责备他"自以为旧日东宫之嫡子，居心甚不可问"，着在景山永远圈禁。至于平郡王福彭虽和乾隆帝是青年时的挚友，并无罪过，亦退出了军机处，只担任管理旗务等不重要的闲差。

当时，最高统治圈子里，还有鄂尔泰、张廷玉各树门户，结党纷争，这已不足以威胁皇权的稳定。乾隆帝在很长时间内还需要依靠鄂、张的势力进行统治，所以还能够优容包涵，但亦不时告诫，裁抑其势力之发展。这两党势力随着鄂尔泰与张廷玉的去世而渐归澌灭。乾隆十三年（1748）因金川兵败又杀了首席军机大臣讷亲。在雍正旧臣逐渐凋零的同时，乾隆帝提拔了年轻的新进，即傅恒、舒赫德、阿里衮、兆惠、富德、于敏中、阿桂以及更后的和珅、福康安等。乾隆帝高踞于这些官僚之上，牢牢地控制大权，生杀予夺，不和任何人分享权力。他自称："朕为天下主，一切庆赏刑威，皆自朕出。即臣工有所建白，采而用之，仍在于朕。"①他所任用的文臣武将，虽都有相当的才干，但在乾隆这个专制君主巨大阴影的遮蔽下，在历史上并无耀人的光彩。

乾隆皇帝非常重视君臣关系，重视中央集权，树立皇帝的绝对权威。他写过一篇文章批评北宋王禹偁的《待漏院记》。王禹偁很强调宰相的地位和作用，而乾隆帝反驳他："所谓一国之政，万人之命，悬于宰相，则吾不能无疑也。"因为宰相有贤相、奸相、庸相的区别，选用宰相的权力在君主，宰相"岂能自用？用之者君也"，宰相仅是君主手中的工具。"是则一国之政，万民之命，不悬于宰相而悬于为君者明矣。"②

乾隆朝后期，风气改变，吏治败坏，和珅用事，贪污贿赂公行，而乾隆也企图挽回这一江河日下的趋势。他命令检举整顿，屡兴大狱，严厉打击贪污不法行为，虽不可能从根本上扭转腐败风气，但大案迭起，严刑峻法，因贪污不法行为而被杀戮、被关押、被遣戍的大官僚多得不可胜计，虽先朝老臣（如鄂善）、军功名将（如富德）、国舅至亲（如高恒、高朴），如果罪证确凿，亦斩首不贷，对这类案子的处理起到了一定的震慑作用。在他的统治下，努力消弭专制政体所必然带来的弊害，使之相对改善，一定程度上抑制了这些弊害。他自己说："前代所以亡国者，曰强藩、曰外患、曰权臣、曰外戚、曰女谒、曰宦寺、曰奸臣、曰佞幸，今皆无一仿佛者。"③

---

① 《东华录》卷七，乾隆三年六月。
② 《御制文三集》卷十《王禹偁待漏院记题辞》。
③ 《清实录》乾隆四十五年八月己未。

这些话虽是乾隆的自吹自擂，但一定程度上反映了真实情形。

第三是军事方面。乾隆朝武功极盛，扬威绝域，为完成国家统一、保护领土主权而进行的战争，比前朝规模更大，意义更重要。乾隆帝自诩有"十全武功"，即两次平定准噶尔，一次平定回部，两次平定金川，两次反击廓尔喀入侵以及征讨缅甸、安南和镇压台湾的林爽文起义。其实乾隆的战争还远不止这十次，其他还有征讨瞻对藏民、湘黔苗民，镇压王伦起义、黄教起义、乌什维民起义、甘肃回民起义以及川楚白莲教起义等。历次战争的背景、起因、性质、规模、战果、意义很不相同。有的是为实现统一或击退侵略的正义战争，有的则是镇压农民起义、压迫少数民族或无端侵扰邻国的非正义战争。对乾隆朝频繁的战争应当分别看待，具体分析。

乾隆朝战争频繁，而乾隆帝本人主观上并不好大喜功、穷兵黩武。相反，他常以"佳兵不祥""息事宁人"自勉和告诫子孙。故其统治的前期重大军事行动甚少。他说："予自少读书，即钦天地爱物之心，深知穷兵黩武之戒，是以即位之初，即谨遵皇考之训，许准噶尔之求和，罢兵宁人，将二十年矣。"[①]但如果必须用战争手段保护国家和民族的利益，且有利的战机到来，千钧一发，不容延误时，他也能迅下决心，做出坚决而正确的判断，平定准噶尔之役就是典型。

在康熙、雍正两朝，清廷与准噶尔割据势力的战争已断断续续进行了半个世纪之久。这场战争涉及西北、北部和西

---

① 《御制文三集》卷九《补咏战胜廓尔喀之图序》。

南广大边疆地区的安定和统一，关系重大。清朝投入了极大的兵力和财力，但康雍两朝仅能阻遏准噶尔的入侵，却不能深入作战，捣穴擒渠，取得全胜。乾隆前期，准噶尔部内讧，其领袖和牧民络绎不绝地归附清朝中央，先后有达什达瓦部、三车凌部、阿睦尔撒纳、纳默库班珠尔、玛木特等率众来降，这给清廷带来了千载难逢的作战良机。朝中大臣大多数畏葸迁腐，以为道路遥远，准备不及，难以作战。乾隆帝为完成国家统一计，力排众议，迅速发兵。乾隆帝后来说："西师之役，在廷诸臣，皆有鉴于康熙、雍正年间未获藏事，莫不畏难沮议。朕以达瓦齐篡夺频仍，诸部瓦解，接踵内属，机有可乘，且无以安来者。爰命将兴师，分路致讨。斯时力排众议，竭尽心力。"①事实证明：乾隆帝的决策英明、及时。清军以压倒优势进军天山南北，战事虽经反复，但挫而复胜，转危为安，终于消除了准噶尔的割据政权。以后又乘胜进取，击败维吾尔族大小和卓的叛乱，收复新疆南部。历时五年的平准、平回战争，最后完成了中国的统一，其影响所及，强化了中央对西藏的管辖，并保障了青海和内外蒙古的安定。此后，清朝在边疆地区设官驻兵、筑城戍守、移民屯田，使广袤的边疆地区在政治上、经济上、精神上与内地连接成不可分割的整体，大大增强了中华民族的向心力、凝聚力。特别是在帝国主义即将侵入中国的前夕，乾隆帝及时地完成了国家的统一，其功绩应充分肯定。

---

① 《御制诗五集》卷九二《阅旧所书命馆臣入吴三桂擒桂王由榔谕卷书识后示诸臣咸为悦服复成口号》。

乾隆朝反击廓尔喀入侵是又一场保卫祖国神圣领土的正义战争，也是中国历史上最艰苦卓绝的军事活动。乾隆五十三年（1788）和五十六年（1791），居住在喜马拉雅山南侧的廓尔喀军，两次入侵西藏，侵占日喀则，蹂躏骚扰，抢劫班禅所居的扎什伦布寺，造成边疆的危机和全藏的恐慌。不少大臣认为：后藏遥远，山高天寒，军行困难，粮饷不继，不能出兵征讨。但乾隆帝坚持西藏是中国的领土，不容他人侵犯，"若付之不问……何以安卫藏而靖边疆"[1]，毅然决定派兵入藏，驱逐侵略者，保护领土完整和藏民安全。清军从四川入藏，长途跋涉，冒雪冲寒，驱逐廓尔喀军，收复被侵占的土地，并越过喜马拉雅山，进抵今加德满都附近。在没有现代交通和通信的条件下，完成这一军事远征，实令人惊叹！其路途之远、山川之险、补给之难、军行之艰，为世界战争史上所罕见。乾隆帝说："廓尔喀则在万里三藏之外，更数千里。陡壁线路，下临深川，不能容马，人皆踵迹而行。"[2]"经越艰险，冒雨步战，手足胼胝，用兵之难，为从来之未有。"[3]应该说，乾隆帝不畏艰险，花费极大的财力、人力保卫西藏的领土主权，是值得赞扬的。

战争仿佛是个放大器，它能充分表现出一位决策者、指挥者的才能和优点。因为只有在战争时期，他的意志和领导能力才最大限度地受到了考验。同样，在战争时期，也会招

---

[1] 《清实录》乾隆五十七年八月戊子。
[2] 《御制诗五集》卷七七《补咏战胜廓尔喀之图序》。
[3] 《清实录》乾隆五十七年八月癸酉。

致意外的失败，使一支威武浩荡的军队顷刻瓦解，显示出领袖的无知与失误。古往今来，没有常胜的将军，而战争的或胜或负，常常取决于指挥者是否知己知彼，是否头脑冷静，是否有坚强的意志和灵活的指挥才能。当平定准部、回部，取得了意想不到的胜利以后，乾隆帝被冲昏了头脑，多次发动了错误的战争，即缅甸、安南和第二次金川之役。缅甸之役，清军深入缅境，后路被切断，援兵不到，粮饷断绝，战斗失败，主帅明瑞阵亡。安南之役，乾隆帝错误地支持腐败的黎氏政权，劳师远征，攻入今河内，遭到强力反击，全军覆没。第二次金川之役，山险河深，番众人虽少而心志齐，清军被阻于石碉之下，寸步难移，乾隆帝依仗兵多粮足，必欲克之，屯兵坚城，劳师縻饷，如狮子搏兔，用尽全力，虽最后得胜，而耗时之久，费帑之多，为十"全武功"之冠，实为得不偿失。这些战役中所犯的致命错误是乾隆帝在平定准、回大胜之后，视事太易，失去冷静审慎的判断，用对准部、回部的同一把尺子去衡量地形、气候、民风、内部组织都很不相同的缅甸、安南与金川，于是招致了战争的失败，屡次碰壁，大量的钱财和兵力填进了战争的无底洞。像乾隆这样一个精明能干的皇帝虽不乏审时度势、当机立断的能力，但客观环境十分复杂，专制君主很容易犯的错误就是被胜利冲昏头脑，他每天接受阿谀的意见和歪曲的情报，很难做出正确的判断和选择，因此被错误的信息诱入歧途，采取错误的行动，而且越陷越深，难于拔足。等到碰得鼻青脸肿时才幡然觉悟，改弦更张，例如停止对缅甸、安南的征讨，议和修好，边界反而得以宁静，国家之间的关系亦得以改善。

第四是文化方面。历朝历代的文化艺术各有其造诣和特色，很难简单地评说孰优孰劣。乾隆朝的文化成就较之前代并不逊色。除大量编撰各种经说、方略、官书、续三通以及十三经刻石，翻译佛藏外，还编纂了我国历史上最大的丛书——《四库全书》，共收书籍三千四百多种，近八万卷，分成经、史、子、集四大类。此书包罗宏富，浩瀚广博，为我国古代思想文化遗产总汇。编纂工作从乾隆三十八年（1773）设立四库馆始，至五十二年（1787）《四库全书》缮写完毕止，历时十五年。参加编纂、校对、辑佚、提要的很多是当时的第一流学者，并撰写了《四库全书总目》，对一万多种图书（包括著录和存目）做了介绍和评论，"凡六经传注之得失，诸史记载之异同，子集之枝分派别，罔不抉奥提纲，溯源彻委"[①]。

民间之学术文艺亦臻于极盛。以惠栋、钱大昕、江永、戴震、段玉裁、王念孙、王引之、焦循、阮元为代表的考据学派，如日中天，盛极一时，被称为"乾嘉学派"，著作繁多，影响深远；史学方面还有赵翼、全祖望、章学诚、崔述；地学方面有齐召南、祁韵士、徐松、李兆洛，各有突出的成就；曹雪芹的《红楼梦》、吴敬梓的《儒林外史》均成书于乾隆初年，为最负盛誉的现实主义杰作，是我国文学宝库中的瑰珍；诗歌方面有沈德潜的"格调诗"、袁枚的"性灵诗"、

---

① 阮元：《揅经室二集》卷五《纪文达公集序》。

翁方纲的"肌理诗";散文方面有方苞、刘大櫆、姚鼐的"桐城派",恽敬、张惠言的"阳湖派",如奇花异葩,竞放于诗坛文苑;绘画则有"扬州八怪"及文人画、宫廷画、西洋画等;书法则有张照、邓石如、刘墉、永瑆等名家辈出,乾隆帝刻印的《三希堂法帖》集中了历代书法的精华,为后世临摹的范本;戏曲方面,昆腔与乱弹并行,正处在蜕变时期,乾隆末年,徽班进京,我国最大的剧种——京剧于此时诞生。乾隆朝的文化学术和文学艺术,云蒸霞蔚、俊彩星驰,呈现一片繁荣的景象。

三

乾隆朝的政治、经济、军事、文化发展鼎盛,达到了我国封建时期的最高峰。当然,历史并不只是光辉的、先进的一面,还有其黑暗的、落后的另一面。清朝恰恰在乾隆时代由盛转衰,走向了下坡路。

乾隆朝人口急剧膨胀,大大超过了耕地面积的增加,人均占有耕地数量迅速地减少,再加上土地兼并严重,社会财富被集中到少数贵族、官僚、地主、富商的手中,绝大多数农民失去土地,生计维艰,并且连年水旱,灾荒频仍,吏治败坏,贪污公行。阶级矛盾逐步尖锐化,人民流离失所,不得不铤而走险。下层的反抗斗争从零星分散的抗租抗粮,逐渐走向竖旗建号的大规模、有组织的武装斗争。乾隆三十九年(1774)山东临清爆发王伦起义,在运河沿岸,南北交通的大动脉上发难，切断了漕运和文报，打破了近一个世纪中原无战争的升平局面。接着，乾隆四十六年（1781）、四十八年（1783），有甘肃苏四十三和田五领导的回民起义；乾隆五十二年（1787），有台湾林爽文起义；乾隆六十年（1795），有贵州、湖南的苗民起义；至嘉庆元年（1796），白莲教起义爆发，声势浩大、斗争持久、蔓延甚广，形成对清王朝一次强大的冲击波。乾隆禅位之日，星星之火，已燃烧成燎原之势，此后，全国进入干戈扰攘、战乱频仍的时代，历经嘉庆、道光两朝五十多年，北方的秘密宗教多次发动斗争，南方的会党起义亦层出不穷，清廷顾此失彼，疲于奔命，这场社会的大动荡一直延续到近代的太平天国起义。

乾隆朝在其政策方面的问题、矛盾或落后、失误至少可指出以下几点。

清政权实质上是满汉地主阶级的联合专政，只占人口极少数的满族必须团结汉族地主和知识分子，才能保持稳定的统治，乾隆帝基本上沿袭了这一传统政策。尽管他本人深受汉文化的熏陶，但他对汉族的警惕、防范几乎超过了清代其他帝王，他对汉族大臣和绿营兵很不信任。杭世骏在乾隆前期即批评当时天下巡抚尚满汉参半，而总督则无一汉人，终乾隆之世，情况并无大变，出任总督的汉人占极少数。乾隆时期，当政的文臣武将，前有鄂尔泰、讷亲、傅恒、张广泗、舒赫德、兆惠，后有阿桂、和珅、福康安，都是旗人，只有张廷玉、于敏中等少数汉员身居要职，也仅是供奉内廷，述旨撰诏，相当于皇帝的秘书，不是实际的决策者。当时，满汉矛盾虽然不是社会的主要矛盾，但始终是影响政治的重要因素。

乾隆帝致力于保存满族的文化习俗和尚武精神。他认为，这是清王朝长治久安的保证。他说："马步箭乃满洲旧业，向以此为要务，无不留心学习。今国家升平日久，率多求安，将紧要技艺全行废弃不习，因循懦弱，竟与汉人无异，朕痛恨之。"尽管乾隆帝再三告诫，并采取了种种措施，可是事与愿违，八旗贵胄生活骄奢、浸染汉俗、废弃武事的趋势愈演愈烈，竟不可遏止。而一般旗人，虽有额俸，但清廷禁其从事生产和经商，致使日益滋生繁衍的满族衣食无着，发生严重的生计问题，可说是爱之适以害之。

上面讲到了乾隆朝文化繁荣的一面，不幸的是这种繁荣并未带来文化思想在性质、内容上的飞跃，反而时常遭到风刀霜剑的凌逼摧残。乾隆朝的文字狱和禁毁书十分苛严，有人估算乾隆朝的文字狱有一百三十起，比康雍两朝大大增加，且多属捕风捉影、深文周纳、硬加莫须有的罪名。士子吟诗作文，用字不慎，即招飞来横祸，乾隆朝因文字获罪的多下层知识分子，罪名大多是影射讥讪、触犯圣讳、措辞不当，实际上并无鲜明的反清思想。鲁迅先生说过，"大家向来的意见，总以为文字之祸是起于笑骂了清朝，然而，其实是不尽然的"，"有的是鲁莽；有的是发疯；有的是乡曲迂儒，真是不识讳忌；有的则是草野愚民，实在关心皇家"。由于乾隆帝以文字罪人，民间相互揭告，往往以细微仇嫌，陷人死罪，官吏们怕失察受责，故意罗织罪状，张大其词。为什么乾隆中叶文网严密、文狱迭起？这实际上是统治阶级对下层人民反抗的预防性反应。当时，大规模的武装斗争尚未展开，但零星的反抗已渐频繁，统治者日益感受到来自下层反抗的威胁，企图加强思想统治，显示镇压手段，以防不测，以儆效尤。这种预防性反映了统治者谋求安全的心理，罪名的真实性并不重要，重要的是用严厉的惩处使社会慑服。文字狱的恶劣影响，使得知识分子对现实甚至对历史不敢议论，噤若寒蝉。龚自珍说"避席畏闻文字狱，著书都为稻粱谋"，正是乾隆时知识界共同心态的写照。

另外，乾隆帝趁编纂《四库全书》之机，搜检全国的书籍，对所谓"悖逆""违碍"的书籍进行查禁、销毁或篡改。初"下诏时，切齿于明季野史。其后，四库馆议，惟宋人言辽金元，明人言元，其议论偏谬尤甚者，一切拟毁……隆庆以后，至于晚明，将相献臣所著，靡有孑遗矣"①。古代典籍遭到了一次极大的厄运。

乾隆朝一项重大的政策谬误，是变本加厉地实行闭关政策。它虽然并不拒绝对外通商，但规定只开广州一口，制定了详细的章程，限制中外交往和贸易，并强化了作为贸易中介的行商制度，形成了对外封闭的严格体制。乾隆五十八年（1793）英国政府派马戛尔尼使团来到中国，在热河觐见皇帝，提出扩大贸易的要求，但在觐见的礼节问题上发生严重的争执，英国使团被拒。毫无疑问，马戛尔尼使团代表英国

---

① 章太炎：《訄书·哀焚书》。

资产阶级的利益，所提要求包含着侵略性的条款，会给中国带来消极的影响。但当时的英国尚不能向中国发动武装进攻，只能采取和平谈判的手段，谋求进入中国。中国迫切需要疏通外交渠道，进行经济文化交流，扩大视野，以了解世界的潮流。进行和平谈判有助于改变中国的隔离状态。但是，乾隆帝没有感到和外部世界加强联系和交往的迫切性，他以天朝上国自居，轻视和蔑视外国，因使团礼节不周而心中不快，砰然关闭了谈判的大门。马戛尔尼使团带来了丰厚的礼品，大多是显示科技成就和工业实力的仪器、模型、机械和工业制品。但乾隆帝缺乏科学知识，不屑一顾，说："单内所载物件，俱不免张大其词。此盖由夷性见小，自以为独得之秘，以夸炫其制造之精奇……著征瑞（接待英使之清朝官员）于无意之中向彼闲谈：尔国所贡之物，天朝原亦有之。庶该使臣等不敢居奇自炫。"[1] 自大心理与愚昧无知蒙住了自己的眼睛，错过了认识外部世界的一次机会。中英两国如同两艘巨大的航船在逐渐接近，中国方面，从维护统治出发，希望与外部世界保持安静而隔离的局面，并力图取得外国表面上的臣服，以满足自己的虚荣心理。而处在产业革命中的英国却在全球寻找殖民地，开辟商品市场。两个国家的制度、传统和追求的目标完全不同，一场大规模的冲突将不可避免。在天空的远处，正酝酿着一场几乎使中华民族惨遭灭顶之灾的强烈风暴。乾隆帝，作为18世纪中国的最高统治者，不但丝毫没有

---

[1] 乾隆五十八年八月六日，谕旨。

觉察，而且他的政策堵塞了其臣民和后人去了解、探索外部世界的渠道，这反映了乾隆帝思想保守落后的一面，其影响深远，造成了难以弥补的恶果，应对历史负重大责任。

在评论乾隆帝的是非功过时，巡幸和土木两事是通常的热门话题。乾隆帝一生到各地巡游，曾六次南巡，至苏杭、南京；八次去山东，至泰山、曲阜；四次去盛京，谒祖陵；五次西巡，至五台山；一次至河南开封、洛阳、嵩山；至于到热河避暑、木兰秋狝，到天津、白洋淀或巡视永定河，到遵化或易州谒东西陵，更是多得不可胜计。有人统计他一生的巡幸活动达一百五十次之多，真是一位"马上皇帝"。

乾隆朝国力强盛、财政充盈，皇帝爱好园林建筑，故大兴土木。六十年间，扩建和修建圆明园、清漪园（今颐和园）、静宜园（今香山）、静明园（今玉泉山），加上康熙修建的畅春园，形成北京西郊"三山五园"的园林格局。又大规模改建、扩建皇宫、中南海、北海以及坛坫寺庙、市廛房舍、道路桥梁、城垣、兵营、官署，浚治湖泊河流。其规模之大、用工之精、耗帑之多以及艺术水平之高，为历代所不及。

巡幸和土木都要花费许多钱财，历代均视为劳民伤财的弊政。连乾隆帝自己也说："工作过多、巡幸时举二事，朕侧身内省，时耿耿于怀。"[①] 不管人们和乾隆帝自己怎么看，平心而论，巡幸、土木亦应一分为二地进行分析。这其中当然有劳民扰民的一面，但如果转换一个视角，作为一个幅员

---

① 《清实录》乾隆十五年五月己未。

广大的国家的君主,垂拱端坐,深居宫禁,虽然省钱省力,但是不接触社会,不了解情况,对运筹决策、用人施政是不利的。历史上有许多从不出巡的皇帝,很多是昏庸之辈,而像秦始皇、汉武帝、唐太宗、元世祖、明成祖、清康熙帝等雄才大略的君主却到处巡游。巡幸是封建君主与社会保持联系的一条渠道,虽然很狭窄而又间接,但对一个生长深宫与世隔绝的皇帝来说,保持这一点点联系仍是非常重要的。乾隆出巡当然包含着游山玩水的动机,但还有政治和经济的目的。如视察黄河、运河、浙江海塘,打围习武、训练士卒,考察官吏治绩、农业收成、风俗民情等等。

至于大兴土木,于乾隆帝而言属于欣赏、享乐的浪费行为,客观上却又是进行城市建设、美化自然环境之举。那时候国家财力充足,即便在养兵给饷、军事征战、减免赋税、赈济灾荒、兴修水利等方面花费了大量帑银,国库藏银仍多达每年财政收入的两倍。乾隆时还没有现代意义的经济建设,不可能投资于工厂、铁路或科学事业,富余资金可能的流向是编纂图书的文化工程或者建造园林、宫殿的环境建设。乾隆帝说:"方今帑藏充盈,户部核计已至七千三百余万。每念天地生财只有此数,自当宏敷渥泽,俾之流通,而国用原有常经,无庸更言搏节。"①兴建各种土木工程兼寓"以工代赈""散财于民"之意。清廷用工、用料不像前朝那种无偿的劳役和征索,用工全是雇募工人,发给工值,用料则由

---

① 《御制诗三集》卷八五《降旨普免天下正供诗以志事》。

官府制造或在市场购买。所谓："物给价，工给值，丝毫不以累民，而贫者转受其利。"当然，乾隆帝在大兴土木的时候，丝毫没有想到在二百年以后这些建筑会变成为人民所有的财富，这一切今天已是我们珍贵的文物遗产和旅游资源。如果没有乾隆一朝的土木工程，作为中国第一个历史文化名城的北京将完全是另外的样子。我们所熟悉、所热爱的许多宏伟的和优美的景点、建筑将不复存在，北京城将失去璀璨的光辉而黯淡无光。

四

乾隆时代，或者说18世纪的中国，在政治、经济、军事、文化各方面均有许多成绩，为前代所不能企及，这是就历史的纵向比较而言。

但是，中国并不是孤独的存在，和它同时存在于地球上的还有许多其他的国家。古代，人们难以打破重洋的阻隔，中国长期处在一个相对隔离的环境中。到了近代，经济、科技的进步，交通的发达，日益打破了国家之间的隔绝状态，相互的撞击和影响越来越频繁。18世纪正是世界殖民扩张的时代，外国的传教士、外交官、商人陆续来到中国，引起了各种摩擦、纠纷。如果把乾隆朝取得的成绩做横向的考察，即放到当时世界范围中与欧美国家相比较，那就会呈现出另一幅黯然失色的图景。18世纪的欧美国家正处在资本主义上升时期，生产力和科学技术突飞猛进，革命已经爆发，社会突破了封建桎梏而进入人类历史发展的又一阶段，即资本主义时代。而中国仍处在封建时期，即使取得了封建社会中所能达到的最大成就，如果与欧美国家雄健迈进的步伐相比，仿佛一个龙钟老人，行动迟滞、步履蹒跚，越来越落后于西方国家。

乾隆时代，即18世纪的中后期，欧美国家的变化翻天覆地、一日千里，可以从五个方面来考察。

第一，产业革命。乾隆在位六十年，英国正好经历了产业革命的全过程。乾隆即位前两年，即1733年，英国的凯伊发明了飞梭，揭开了产业革命的序幕。从18世纪60年代（乾隆中期）起，英国棉纺织业发生了革命性的变化，1764年（乾隆二十九年）织工哈格利夫斯发明新式纺车，1768年（乾隆三十三年）阿克莱特发明水力纺纱机，纺织业的生产能力迅速提高。其他行业也仿效纺织业采用机器工作。工作机的普遍使用使动力变得非常紧张。1769年（乾隆三十四年）瓦特改良蒸汽机，成为适用于各种机器的"万能动力机"，使人类摆脱了对自然能源的依赖。此后机械制造业取得了重大进展，出现了刨床、铣床、钻床，各种机械开始实现规范化、标准化，提高了工效。18世纪末，机器大工业出现，工厂中形成了由工作机、传动机、动力机三部分组成的机械系统，工场手工业逐渐让位于机器工业，开始了社会化的大生产。

第二，科学发展。与产业革命相表里，欧洲的自然科学积累了丰富的资料与研究成果，跨进了近代科学的殿堂。18世纪在数学领域，概率论、微积分、数论、投影几何取得了进展。在物理和化学方面，人们已能分辨各种气体，并用各种方法获得氢、氧、二氧化碳等。1777年（乾隆四十二年），法国拉瓦锡证明燃烧现象是可燃物与空气中的氧化合的结果，推翻了传统的"燃素说"，揭开了自然界燃烧之谜。

在电学方面，1752年（乾隆十七年），美国富兰克林做了有名的风筝试验，证明雷电是一种自然现象，粉碎了各种迷信和神话。后来意大利人伏打制造了能够产生电流的伏打电堆，成为近代电池的滥觞。

天文学方面，1755年（乾隆二十年），德国哲学家康德发表《宇宙发展史概论》，用星云说解释太阳系的起源。1796年（嘉庆元年），拉普拉斯对星云说做了更加完善的论证。还有德国学者赫歇尔长期观察恒星，提出银河系构成的假设，1781年（乾隆四十六年），他在观察天空时发现了一颗前所未知的行星，即天王星。

在地质学、生物学方面，成果累累，学派林立，争论迭起。一些人主张岩石水成说，认为岩矿的成因是洪水泛滥，造成岩层的堆积；另一些人主张火成说，强调地下岩浆和火山喷发是地壳和岩层形成的原因。在地球历史演变上则有灾变说和渐变说之争，法国生物学界居维叶以地球经历了多次灾变来解释生物化石缺乏中间传承环节的现象，而英国的赖尔则认为地球自然环境的变化是长期微小渐变积累而成。还有瑞典博物学家林耐，搜集了数以万计的植物标本，首创植物分类，主张物种恒定不变；而法国的布封提出比较分类法，开始认识到物种之间的变化、传承关系。

以上的发现、创造、学派、学说都出现在相当于中国的乾隆时期，西方科学家通过观测、实验、计算、分析、争论，对自然界的客观现象和运动规律逐步取得了正确而系统的认识，使人类提高了利用和改造自然界的能力。恩格斯高度评价18世纪自然科学的成就，他说："18世纪综合了过去历史上一直是零散地、偶然地出现的成果，并且揭示了它们的必然性和它们的内部联系。无数杂乱的认识资料得到清理，它们有了头绪，有了分类，彼此间有了因果联系；知识变成了科学，各门科学都接近于完成，即一方面和哲学，另一方面和实践结合了起来。18世纪以前根本没有科学；对自然的认识只是在18世纪（某些部门或者早几年）才取得了科学的形式。"①

第三，法国的启蒙运动。发生于18世纪的法国启蒙运动是资产阶级革命的舆论先行，其代表人物有伏尔泰、孟德斯鸠、卢梭、狄德罗等。

伏尔泰是法国杰出的哲学家、政治家、文学家，他著作宏富，知识渊博，一生不倦地反对教会、僧侣和专制主义。孟德斯鸠的名著《论法的精神》发表于1748年（乾隆十三年），书中提出三权分立思想，成为日后资产阶级政体结构的原则。卢梭的名著《论人类不平等的起源和基础》和《社会契约论》分别发表于1754年（乾隆十九年）和1762年（乾隆二十七年）。他在前一书中，尖锐地批判了封建等级制度，敏锐地

---

① 《马克思恩格斯全集》，（第1卷），中文第1版，1956年，人民出版社，第656~657页。

指出私有制是产生不平等的根源；在后一书中主张消灭不平等，尊重"天赋民权"。18世纪中叶（乾隆前期），狄德罗主编的《百科全书》，把启蒙运动推向高潮。此书卷帙浩大、内容丰富，汇集了当时自然科学和社会科学的新成果，向封建制度发动猛烈的攻击。参加《百科全书》编纂的有一大批著名学者，除前已提及的伏尔泰、孟德斯鸠、卢梭以及主编狄德罗外，尚有副主编达兰·贝尔，唯物主义哲学家霍尔巴赫、爱尔维修，自然科学家布封、孔多塞，经济学家魁奈、杜尔阁，美学家拉美特利等。他们学识广博、才华过人，是一批杰出的反封建战士。启蒙运动虽有其资产阶级的局限性，但它激起的思想革命的巨澜，汹涌地冲击着封建社会的堤坝，为行将到来的法国大革命做好了准备。

第四，美国独立。北美洲本是分属于英、法的殖民地。殖民主义者一方面屠杀当地的印第安人，另一方面奴役欧洲普通移民和从非洲来的黑奴，由此激起反抗，先在波士顿一带发生连续的抗英斗争。1775年（乾隆四十年），殖民地人民吹响了独立战争的号角，举行反英起义。华盛顿被人民拥戴为总司令，武装斗争的烈火猛烈燃烧。英军在人数和装备上虽占优势，但革命人民斗志昂扬，越战越勇，击败了英国殖民军。1783年（乾隆四十八年），英国不得不承认美国独立。这场延续八年之久的美国独立战争是18世纪的重要事件，从此，美国挣脱了殖民主义锁链，跃入资本主义国家的行列，1789年（乾隆五十四年），华盛顿当选为美国的第一任总统。

第五，法国资产阶级革命。法国从18世纪30年代（乾隆即位之初）起，资本主义发展加快，社会分化加剧。国王、贵族、教会占有大部分土地，农民、手工业工人、城市平民以及企业主均属于第三等级，处在无权的、被压迫的地位，阶级矛盾日益尖锐。18世纪80年代发生经济萧条，农业歉收，企业倒闭，财政破产，人们要求召集三级会议以制定新的税法。1789年（乾隆五十四年）三级会议召开，受启蒙思想教育的第三等级的代表，得到人民的支持，要求分享国家权力，宣布成立制宪会议。法国国王派兵镇压，巴黎人民群情激愤，于1789年7月14日举行起义，攻打巴士底狱，法国大革命爆发。革命迅速扩及全国，废除了人身依附、各种封建特权和苛捐杂税，并制定《人权宣言》。此后反动势力企图复辟，国王路易十六勾结外国势力来镇压革命。雅各宾派领导人民打败了外国干涉军，废黜国王，于1792年（乾隆五十七年）宣布成立共和国。翌年（乾隆五十八年），路易十六被推上断头台。此后，雅各宾派单独执政，国内各政党的争夺十分激烈，大资产阶级为了自己的利益，颠覆了雅各宾政权；国外则英、普、奥、荷、西等王国组成反法同盟。1795年（乾隆六十年），巴黎国民公会起用青年军官拿破仑来对付内外的敌人，拿破仑的权力增强，形成军事独裁政权。1799年（嘉庆四年，这年乾隆帝逝世），拿破仑发动政变，建立执政府，在欧洲进行连年战争。法国资产阶级大革命推翻了法国封建王朝，废除了等级制和封建特权，并震撼了欧洲的封建体系，开辟了一个资本主义广泛发展的新时代。

以上对欧美国家在18世纪30年代以后发生的重大事件

做了简单的回顾。这六七十年间欧美国家的进步胜过了以往的一千年，正在经历政治、经济、科学、文化领域全面而深刻的革命。历史是在量变的积累下走向质变的，质变必须有量变做准备；而一旦发生质变，其变化之速、成绩之大、影响之远，是量变时的许多世代所不能比拟的。西方正在突破封建主义的桎梏而飞速前进，而中国的种种成就仿佛还在强化着封建的体制。两个不同的世界，其变化的性质和方向形成强烈的反差，中国越来越落后于西方世界。

历史人物要对自己时代的进步和落后负责任。尤其像乾隆帝长期站在统治阶梯的最顶端，没有一个人曾经像他那样对18世纪的中国历史打下如此深刻的印记，他的思想、言论、行为、政策自然会对历史发生或正或负的重大影响。18世纪，闭塞已久的中国极其需要开通对外渠道了解世界状况，放宽思想禁制，增进科学知识，以迎接行将到来的世界性挑战，但乾隆帝没有像略早于他的俄国彼得大帝那样知己知彼，把自己放在世界潮流中，正确定位，引进和学习外国的先进事物，致力于改革和富强。乾隆帝以自我为中心，以天朝上国自居，实行闭关锁国政策，他采取严厉、蛮横的思想压制，他对科学技术毫无认识又缺乏兴趣，他固守以不变应万变的政治哲学，这些都严重地阻碍了历史的进步，窒息了社会蓬勃发展的生机。世界潮流在奔腾前进，而中国的统治者昏昏然如在梦中，毫无觉察，未能采取更加开放开明的政策，失去了及时地了解世界和跟上世界的机会。

当然，中国的落后也不能简单地归咎于某些个人和某些政策。历史的道路固然有赖于具有远大目光和聪明才智的人去开辟、去展拓，不过具有远大目光和聪明才智的人物也只能在特定的环境中产生。正因为乾隆皇帝并不生活在俄国彼得大帝的环境中，所以他未曾有过彼得大帝那样的追求和理想。18世纪的中国是一个被禁锢着的世界，乾隆帝也是这个世界中的一员。禁锢已久，习惯成自然，他的政策正反映了被禁锢者习于禁锢、安于禁锢的心态。

中国为什么落后于西方？这一巨大的历史谜团困惑着许许多多的政治家和学者。何以在很长时间内中国人未曾察觉到外部世界正在发生的历史巨变？何以专制体制和保守、僵化的政策长期通行无阻？何以中国没有产生像西欧那样"直前冲刺"的巨大历史动力？其深层原因必须到长期历史发展和整个社会结构中去寻找。历史表面看来似乎是不相连缀的片段，实际上，古今上下有着长远的、不可分割的联系。影响近代社会发展的根本原因深埋于古代的历史之中。

18世纪的中国并未像西欧那样发生质变，因为，以前的时代还没有走完从量变到质变的过程。事情不会无缘无故地发生，也不会无缘无故地不发生，乾隆帝和他的同龄人可以在历史上和传统提供的舞台上扮演角色，推进或阻滞社会的前进，但他们不能超越历史和传统，去完成力所不及的使命。康熙和乾隆在中国历史上做出了前所未有的重大贡献，乾隆帝的思想和政策，不是从天上掉下来的，也不是完全从头脑里想出来的，而是孕育于中国长期的历史之中，孕育于前代遗留下来的经济基础、社会结构、政治体制和文化传统之中。

因此，乾隆帝对18世纪、对中国历史的相对落后，自应负一定责任，但他不能超越时代，自行其是。他像所有的历史人物一样，代表着并属于自己的时代。从某种视角观测，乾隆帝像是一个矛盾的综合体，先进与落后、英明与庸碌、聪睿与愚昧、理智与荒唐、仁慈与残酷、光辉与黑暗，错综复杂地交集于一身。他的性格、意志、动机似乎很难捉摸，但把他的所思所言、所作所为放在当时的环境中认真研究，可以看出这些基本上是统治阶级对18世纪历史发展所做出的合乎逻辑的反应。

我们研究乾隆帝，并不停留在对他政绩的讴歌或对他过失的谴责上，重要的是要理解他和他所处的时代。18世纪是中国历史发展中的重要阶段，乾隆帝是当时杰出的历史人物，他留下了许多经济、政治成就，留下了军事功勋和文化业绩，同时也留下了缺陷和过失。大浪淘沙，曾经喧嚣一时的历史人物和事件退出了舞台，隐形于消逝了的漫长时间之中。但现实是由历史发展而来的，现实深深植根于历史之中。研究18世纪及其人物为的是要弄清历史，理解现实，认识国情，增长智慧，坚定信心，选择正确的方向，迎着光辉、灿烂的明天更好地前进。

乾隆皇后之丧及有关的政治风波

乾隆十三年（1748）三月十一日，从济南到德州的路上，皇帝东巡的仪仗、扈从匆匆北上，凤舆中的皇后富察氏病得奄奄一息。到了德州水次，皇后被抬上运河中御舟，即于深夜亥时崩逝。这一偶然事件却在政治生活中掀起很大波澜，犹如火山喷发，大地震颤，使皇族和官僚们措手不及，蒙受突然的灾难。

乾隆对结发妻子的感情极为深厚，夫妻恩爱、伉俪情深，一旦永诀，十分哀恸。虽万乘之君，亦不可能改变命运之神的安排，难以弥合精神上的创伤。他为皇后之死写了一篇《述悲赋》，其中说，"纵糟糠之未历，实同甘而共辛"，"影与形兮难去一，居忽忽兮如有失"，"信人生之如梦兮，了万事之皆虚。呜呼！悲莫悲兮生别离，失内佐兮孰予随"[1]。他的诗中说："廿载同心成逝水，两眶血泪洒东风。"[2] 皇帝的哀思是深沉而真挚的，乾隆既是凌驾亿万人之上的君主，

---

[1] 《御制文初集》卷二四。
[2] 《御制诗二集》卷三《悼皇后》。

又是有血有肉，具有爱恨悲欢感情的普通人。皇后这次跟着皇太后和皇帝到山东巡幸，谒孔庙、登泰山，旅途劳顿，到济南感染风寒，休息了几天，病情略有好转，却过分匆忙地赶路回京，途中病情复发，遂至不起，酿成乾隆帝的终生憾事。此后，乾隆多次南巡，路过济南，怕触景生情，引起悲怀，永不进入济南城。乾隆三十年（1765），皇后已死去十七年，第四次南巡，路过济南，绕城而行。乾隆写诗说："济南四度不入城，恐防一入百悲生。春三月昔分偏剧，十七年过恨未平。"① 乾隆对孝贤皇后（富察氏死后谥号孝贤）的感情是深挚而持久的。

孝贤皇后之死给了乾隆帝精神上极大的打击。可是，祸"不单行"，在这之前，皇后所生的两个儿子都先于其母去世，这两个儿子都很聪明，深得皇帝钟爱。一个是皇次子永琏，"聪明贵重，气宇不凡"，那时，老祖父雍正皇帝还在位，很喜欢这个孩子，"隐然示以承宗器之意"。乾隆登基后，很快按照雍正的立储办法，将永琏名字密藏于乾清宫"正大光明"匾额之后，"是永琏虽未行册立之礼，朕已命为皇太子矣"。不料，乾隆三年（1738）十月十二日，永琏猝患寒疾，当即死亡。孝贤皇后以后又生皇七子永琮，只长到两周岁，却"性成凤慧，岐嶷表异。出自正嫡，聪颖殊常"，虽然没有来得及秘密册立，但乾隆的思想中已默定这个孩子继承帝位。到乾隆十二年（1747）除夕，灾难临头，永琮出痘死亡。这对

---

① 《御制诗三集》卷四五《四依皇祖南巡过济南韵》。

乾隆夫妇又是一次重大的刺激。孝贤皇后之死仅仅在永琮逝世以后七十天，因此，皇后除了旅途的疲劳之外，丧失爱子的悲痛可能是更为重要的致病原因。

乾隆的家庭悲剧到皇后之死还没有结束。第二年，即乾隆十四年（1749），皇九子殇，这位皇子年幼庶出，对饱经家庭变故的乾隆影响尚不大。可是又过一年，即乾隆十五年（1750）三月十五日，皇长子永璜逝世。永璜系哲妃所生，乾隆并不喜欢他，但他毕竟是长子，而且长大成人，已二十三岁，生下皇长孙绵德，自然在乾隆的心绪上又增添了几分哀伤，所以他说："朕近年屡遭哀悼之事，于至情实不能已。"①

乾隆帝中年丧偶，又失去几个儿子，如果事情仅止于此，那也是无数家庭中常常发生的悲剧，在历史的长河中无关宏旨。但由于皇后的丧葬事件引起了大官僚一连串的贬责、黜革甚至赐死，使乾隆初年相对平静的宦海突然掀起了波澜。朝廷的政策方针从"宽"趋"严"，向着新的统治格局和统治作风演变。

陷入极度悲痛的乾隆帝心情暴躁易怒，待人处事一反常态。第一个碰钉子的就是皇长子永璜，他年轻不懂事。因为死去的不是自己的生身母亲，没有哀伤的表示，乾隆责备他："遇此大事，大阿哥竟茫然无措，于孝道礼仪，未克尽处甚多。"②永璜被公开训饬，他的师傅、俺达受处分，其中和

---

① 《清高宗实录》，乾隆十五年三月戊午。
② 《清高宗实录》，乾隆十三年三月丙子。

亲王弘昼、大学士来保、侍郎鄂容安各罚俸三年，其他师傅、俺达各罚俸一年。一个月以后乾隆发现皇后的册封文书，译为满文，误将"皇妣"译为"先太后"，乾隆勃然大怒，指责翰林院大不敬，特别指出，管理翰林院的刑部尚书阿克敦"心怀怨望"，交刑部治罪。其他刑部官员见皇帝盛怒，欲加重处分，拟绞监候。不料，暴怒的君王尚不满意，责备刑部"党同徇庇"，故意"宽纵"。将刑部全堂问罪，包括署理满尚书盛安、汉尚书汪由敦。侍郎勒尔森、钱陈群、兆惠、魏定国均革职留任，而阿克敦则照"大不敬"议罪，斩监候，秋后处决（后得赦）。这样严厉的处分使当时官僚们胆战心惊。

此后，大批官僚都被卷进因皇后丧葬而引起的政治旋涡中。五月间，工部因办理皇后册宝不敬，"制造甚属粗陋"，全堂问罪，侍郎索柱降三级，涂逢震降四级，其他尚书、侍郎从宽留任；光禄寺因置备皇后祭礼所用之馂馐、桌张"俱不洁净鲜明"，光禄寺卿增寿保、沈起元、少卿德尔弼、窦启瑛俱降级调用；礼部因册谥皇后，议礼舛误，"诸凡事务，每办理糊涂"，尚书海望、王安国降二级留任，其他堂官也分别受到处分。

因皇后丧葬而引起的贬革之风也刮到了外省。皇后之死，有些外省官员具折奏请赴京叩谒梓宫，这本来是表面文章，因为事实上外省官员各有职守，没有可能也不必要一齐来京服丧行礼。想不到乾隆对于那些没有具折奏请来京的官员，横加挑剔，特别对满人更加不满。他说："盖旗员地分亲近，沐恩尤为深重。一遇皇后大事，义当号痛奔赴，以尽其哀慕难已之忧。即或以外廷不敢预宫闱之事，而思及朕躬当此事故，亦应奏请来京请安，庶君臣之谊，不致漠不相关也。"因此，各省满族的督抚、将军、提督、都统、总兵，凡是没有奏请赴京的，各降二级，或销去军功记录。这样受到处分的有两江总督尹继善、闽浙总督喀尔吉善、湖广总督塞楞额、漕督蕴著、浙江巡抚顾琮、江西巡抚开泰、河南巡抚硕色、安徽巡抚纳敏等五十三名满族文武大员。①

接着，风暴又袭入宫廷。两个年龄最大的皇子——大阿哥永璜、三阿哥永璋仍是由于没有表露哀伤的感情而遭斥责，皇帝的口气非常严厉。"试看大阿哥年已二十一岁，此次于皇后大事，伊一切举动尚堪入目乎？父母同幸山东，惟父一人回銮至京，稍具人子之心，当如何哀痛，乃大阿哥全不介意，只如照常当差，并无哀慕之忱……今看三阿哥亦不满意，年已十四岁，全无知识。此次皇后之事，伊于人子之道，毫不能尽……伊等俱系朕所生之子，似此不识大体，朕但深引愧而已，尚有何说！"永璜、永璋除了未尽人子之道以外，他们具体的罪状并没有说清楚。乾隆似乎回顾了康熙末年继承问题的教训，对永璜、永璋深具戒心，竟谈到立储续统问题，斩钉截铁地宣称：

"此二人断不可承续大统……伊等如此不孝，朕以父子之情，不忍杀伊等，伊等当知保全之恩，安分度日……倘仍不知追悔，尚有非分妄想，则是自干重戾矣！……须知此一位，

---

① 参见刘桂林：《孝贤皇后之死及丧葬余波》，载《故宫博物院院刊》，1981年第4期。

但可传一人，不可分传数人，若不自量，各怀异志，日后必至弟兄相杀而后止，与其令伊等弟兄相杀，不如朕为父者杀之……今满洲大臣内，如有具奏当于阿哥之内，选择一人立皇太子者，彼即系离间父子、惑乱国家之人，朕必将伊立行正法，断不宽贷。"①

这时，皇后之丧刚满百日，乾隆失去二、七两子以后，心目中并没有可以继承帝位的人。他方当盛年，健康极佳，继承问题并未提到日程上，而永璜、永璋年龄尚小，也并无争夺嗣位的举动。乾隆却对他们深恶痛绝，一顿痛骂、狗血喷头，摒绝他们继承帝位的任何可能。这种过分的做法，似乎出于丧妻后过度悲恸所产生的一种变态心理。

百日丧满以后，风潮还在发展，这就是查究丧期内擅自剃发的案件。按满族旧习，帝后之丧，为表示哀思，官员在百日内不得剃发。七月间，发现山东沂州营都司姜兴汉、奉天锦州府知府金文淳在百日丧期内剃头。乾隆大发雷霆，声言丧期内剃头"祖制立即处斩。亦如进关时，令汉人薙发，不薙发者无不处斩之理"，姜兴汉、金文淳几乎被杀掉，只是后来发现违制剃头的大有人在。像盛京、杭州、宁夏、京口、凉州、四川的驻防满洲兵丁很多剃了发。这才饶赦了姜兴汉、金文淳的性命。其实，所谓"祖制"仅是暧昧不明的习惯，律例会典中并无明文记载，汉官甚至满员对此也不甚清楚。十多年前，雍正皇帝去世时，许多官员没有遵照习惯，丧期

---

① 《清高宗实录》，乾隆十三年六月甲戌。

内即已剃发，朝廷并没有追究过问。这次乾隆却要追究了，不久又发现大官僚江南总河周学健和他所属的文武官员全都在百日内剃发。乾隆震怒，大骂周学健丧"心悖逆，不惟一己敢于犯法，并所属官弁同时效尤，弃常蔑礼，上下成风，深可骇异"①。还有许多大官僚丧期内并未剃发，却也受到牵连，如两江总督尹继善"知情不举"，被斥为"好名无耻之徒"；刑部尚书汪由敦与金文淳"谊属同乡，辈称前后"，金下狱时汪由敦给金以照顾，开锁迅速，汪被革职留任；江西巡抚开泰查抄周学健家产，乾隆警告他若"稍有回护袒庇之意，断不能保其首领"；大学士高斌将周学健押解至京，"伊素与周学健交好，或令周学健自尽，不得到京明正典刑，惟高斌是问"。这些官僚有不少是皇后丧葬案中第二次得罪了。更倒霉的是刑部尚书盛安，他未将金文淳斩立决而判为斩监候，乾隆认为是有意包庇，竟将盛安也判为斩监候，至于周学健本人，则因发现他还有贪污行为，于这年十一月赐令自尽。

其实，违制剃头的大官僚何止周学健一人，湖广总督塞楞额、湖南巡抚杨锡绂、湖北巡抚彭树葵也于百日内剃头。听说乾隆严厉追究此事，吓得战战兢兢。杨锡绂准备自行检举，以求减轻罪愆，塞楞额因是旗人，恐加重治罪，阻止杨锡绂自首，后来事情败露。乾隆的怒气更是火上加油，大骂塞楞额丧"心病狂，实非意想所及"，令其自尽，杨锡绂、

---

① 《清高宗实录》，乾隆十三年闰七月戊辰。

彭树葵革职。

皇后死后的半年，因丧葬而掀起轩然大波，除上述的大官僚以外，还有江苏巡抚安宁被解任，罪名之一是伊"于孝贤皇后大事仅饰浮文，全无哀敬实意。伊系亲近旧仆，岂有如此漠不关心之理"①。这年冬至，翰林院撰拟皇后祭文，用"泉台"二字，乾隆又吹毛求疵，认为这两字用于常人尚可，"岂可加之皇后之尊"，大学士张廷玉以及阿克敦、德通、文保、程景伊等"全不留心检点，草率塞责，殊失敬理之义"②，俱罚俸一年。

因孝贤皇后的丧葬而引起的政治风波，震动极大，大臣们或被斥，或被降革，或被罚俸，或被赐死，形成前所未有的大案。乾隆初年，一向标榜宽大政治，"纯皇帝（乾隆）即位时，承宪皇帝（雍正）严肃之后，皆以宽大为政。罢开垦、停捐纳、重农桑、汰僧尼之诏累下，万民欢悦，颂声如雷"③。的确，乾隆初期处分大臣十分谨慎，不像后期动辄杀戮。乾隆十三年（1748）以前被处死的大员只有提督鄂善一人。乾隆六年（1741），鄂善被揭发贪污银一千六百两，鄂善是亲信大臣，乾隆不忍杀他，"垂泪谕之，令其自尽"，有点"挥泪斩马谡"的味道。乾隆自己说："降旨之后，心中戚戚，不能自释，如人身之失手足也。"④号称"宽大"的乾隆竟因皇后丧葬案件，处分大员一百多人，小题大做，株连众多，

① 《清高宗实录》，乾隆十三年闰七月庚午。
② 同上书，乾隆十三年十月辛丑。
③ 昭梿：《啸亭杂录》卷一《纯皇初政》。
④ 《清高宗实录》，乾隆六年三月庚寅。

量刑从严。这一偶然事件和皇帝恶劣的情绪在平静的宦海中竟搅起如许巨大的波澜，可见在封建统治之下，"人治"的作用很大，政治的发展很大程度以个人的意志为转移。专制皇帝的权威支配一切，没有可以制约和平衡的力量。他的反常情绪和任性放纵，有时会一发不可收拾，导致政治上的大灾难。

从孝贤皇后的丧葬事件，我们看到了个人的意志和情绪会对历史产生很大影响。乾隆十三年，官场遭到的灾祸显然是乾隆丧偶以后，极度悲痛，情绪恶劣，因而在烦恼、焦躁中采取了过分严厉的惩罚措施。但是，对历史的研究不能到此止步，需要进一步探索的是，在自由意志和不正常情绪的背后是否潜伏着更为深刻的原因？乾隆采取这些措施除了情绪的冲动之外，是否还有"理智"的考虑？过分的严刑峻法是在什么背景下发生的？它引起了什么影响和后果？

如果我们不满足于"悲痛心情下的极端措施"这一表面印象，而把视界进行拓展的话，就会注意到同年内正在进行征伐金川的战争。这是乾隆前期的第一次大规模战争。尽管当时海内富庶、国力鼎盛，金川之战却碰了大钉子，由于金川番民的顽强抵抗和地形崎岖、碉堡难攻等原因，清廷虽投入大量的兵力、财力，却劳师无功。关于这场战争的情形不能在本文中赘述。由于金川的失利，大批官僚将帅得罪，甚至被处死。皇后丧葬案和金川失利案，几乎同时掀起两股贬黜、杀戮大官僚的风潮，对当时的政界和社会造成极大的冲击。

因金川失利被处死的最重要的官僚是讷亲。他出身满族世家钮祜禄氏，属镶黄旗。他的姑姑是康熙的皇后，"讷亲贵戚勋旧，少侍禁近，受世宗知，以为可大用，迨高宗，恩眷尤厚"①。乾隆初，他授保和殿大学士、首席军机大臣，兼管吏部、户部，是一个炙手可热的大人物。金川事棘，他受命督师，刚到前线，即逢腊岭兵败。乾隆一反平昔的宠信态度，责骂讷亲畏葸贻误，于十四年（1749）正月将讷亲正法于四川军营。另一个被杀的是川陕总督张广泗，汉军镶红旗人，雍乾之际，他因平定苗疆立功，乾隆对他十分信任，赞誉他"目下精于戎行，能运筹制胜者，朕以为莫过于卿"。金川战败，张广泗被革职解京，十三年（1748）十二月处斩。还有一个论死的庆复，满洲镶黄旗人，国舅佟国维之子，隆科多之弟，历任两江、云贵、川陕总督。他是金川战争首开衅端的人，又谎报军情讳饰冒功。十三年下狱，十四年赐令自尽。其他因金川战争而被杀被贬的尚有总督纪山、班第，提督李质粹、袁士弼，总兵许应虎、宋宗璋、马良柱等大官僚和高级将领。

前线将帅应对战局负责，因金川之败而惩处指挥不当、战斗不力的将士本来是正常的。但处决讷亲、张广泗却罚非其罪，或罪轻罚重。金川战争，决策出兵、命将供饷以至具体的战斗都是乾隆遥控的，讷亲并不熟习军务。他赶到前线在六月初九日，而腊岭之战开始于六月初，至六月十六日战败结束。讷亲猝至前敌，实际上也来不及去指挥腊岭战斗，

---

① 《清史稿》卷三〇一《讷亲》。

怎能把战败的责任推到他身上？张广泗则了解金川战争的艰巨性，反对强攻硬拼，主张持久围困，但他的意见未被采纳。讷亲、张广泗、庆复都是金川败绩的替罪羊。这一年，乾隆家庭遭变，军事受挫，心情十分恶劣，故大批诛杀贬革大臣，约一年内被处死的大学士、总督、巡抚、提督等大员有塞楞额、周学健、常安（浙江巡抚，因贪污论绞）、讷亲、张广泗、庆复、李质粹等，被贬革者不计其数。这和他即位十三年以来的宽大作风形成鲜明对照，就像他自己所说："朕御极之初，尝意至十三年时国家必有拂意之事，非计料所及者。自去年除夕，今年三月，迭遭变故（指皇七子永琮和孝贤皇后之死），而金川用兵，遂有讷亲、张广泗两人之案，辗转乖谬，至不可解免，实为大不称心。"①

把孝贤皇后的丧葬案和金川战争联系起来，可以看出：当时皇帝和大臣的关系十分紧张，这是皇权和官僚机器矛盾加剧的表现。而这一矛盾普遍存在于封建的政治史上，不过，它的表现形式和解决途径多种多样。乾隆前期，以皇后丧葬和金川失利为契机而爆发了皇权与官僚机器的冲突，这一普遍性矛盾在偶然的形式中表现出来，并带有浓重的个人情绪的色彩。

封建制度依靠庞大的官僚机构进行统治，而官僚机构总是伴随着贪污腐败、营私舞弊、矛盾倾轧、效率低下等不能根本克服的弊端，这种弊端又危及封建制度的长治久安。封

---

① 《清高宗实录》，乾隆十三年十二月辛卯。

建统治机器需要不断进行调整、清洗，以保持一定的素质和效能，这是符合统治阶级长远利益的。在高度的中央专制集权下，皇权至高无上，它既是官僚们的统治者、庇护者，又是监督、抑制、调整官僚机器最强大的力量。因此皇权和官僚机器，既相互依赖，又存在矛盾。君主为保持官僚机器遵照自己的意志而运转，必须经常进行整顿，以排除故障、洗涤积垢、防止失控。为保持君主的绝对权威，严刑峻法是必不可少的，重要的不在于用什么具体理由去惩罚官僚们，而在于牢固地掌握惩罚的权力，并毫不怜悯地付诸实施，就像驱使骏马飞奔，离不开御者的呼叱和鞭打一样。

从这种意义上说，康熙捉鳌拜、杀索额图，雍正处死年羹尧、隆科多，与乾隆在皇后丧葬和金川战争中处分大批官僚是属于同一范畴的事件。不管处分的理由正当或不正当，皇帝的思想情绪正常或不正常，一旦做出严厉的处分，就足以整肃群僚、震詟视听，收到冲刷官场积弊的效果。这就是为使骏马奔驰而必须采用的统治术，一切雄才大略的封建君主都懂得它，并善于运用它。

乾隆十三年（1748）官场掀起的风波，似乎是偶然的，因为它是皇帝在不良心情下过分处罚的结果，但在另一个层次上说，这种处罚又是皇权对官僚机器进行控制和整顿的表现，是解决两者之间矛盾的手段。因此，它又是必然性链条上的重要环节。在这里，必然性和偶然性相互联结。必然性以偶然性为其存在的躯壳，而偶然性的背后隐藏着必然的东西。

乾隆即位之初，为纠正雍正的苛严而政局宽大，在一定时期内放松了控制，但却带来了副作用，官僚机构逐渐废弛，贪污腐化现象滋长。乾隆很早就意识到了这一点，并对官僚们提出过警告："若视朕之宽而一任属员欺蒙，百弊丛生，激朕将来有不得不严之势，恐非汝等大员及天下臣民之福。"①事态的发展就像乾隆预先指出的那样，吏治日益腐败，乾隆对官吏的惩治也随之加重，螺丝钉正在拧紧，朝廷的政策由宽大而趋于严厉。自从乾隆六年（1741），鄂善因贪污被赐死以后，乾隆对鄂尔泰、张廷玉两个势力最大的官僚集团特加贬抑。乾隆七年（1742），因御史仲永檀自泄露机密，进行追究，将鄂尔泰交部议处，其子鄂容安被革职。乾隆八年（1743），因谢济世案件，湖南全省大官僚均被革职，包括巡抚、藩司、臬司以及湖广总督。乾隆九年（1744）顺天乡试，查获许多人夹带作弊，谕令"科场怀挟之弊甚多，势不得不严行搜检"。乾隆十一年（1746），各地抗粮闹赈事件激增，乾隆认为"民风日刁"，加强了镇压，并责怪官僚们"似此懈怠废弛，盗风何由宁息"，将安徽省自乾隆元年（1736）以来任臬司者，均交部察议。乾隆十一年（1746），为了整顿日益废弛的官场和营伍，命讷亲南下巡视。这年，乾隆发现各省亏空甚多："朕观近年来亏空渐炽，如奉天府霍备任内，则有荣大成等五案，山西则有刘廷诏之案……揆厥由来，实缘该管上司，见朕办理诸事，往往从宽，遂一以纵弛为得

---

① 《清高宗实录》，乾隆元年正月甲子。

体。"① 在乾隆的心目中，实行宽大政策已产生了流弊，官僚机器不适应统治的需要，他对现职的大官僚失去了信任，雷厉风行地进行整顿已是刻不容缓的要务。以上所举乾隆十三年（1748）以前的一系列事件，已显示了政策的渐趋严峻，对官僚们的处罚越来越加重。皇后丧葬和金川战争刺激乾隆采取更加极端的手段，促进和加速了政策从宽到严的趋势。正好像在许多次小地震以后，终于爆发了一场八级大地震一样。

以皇后丧葬和金川战争为契机而对官场的整顿，产生了重要的后果，这就是加快了廷臣的换班和两代人的权力交替。乾隆初年，所用大臣都是雍正遗留下来的老臣，如允禄、鄂尔泰、张廷玉、海望、来保、阿克敦、张广泗等，连最年轻、最有权力的讷亲也是雍正特别选拔上来的。乾隆整顿吏治的锋芒正是针对这些旧人和老臣，他擢用了一批新人以代替旧臣，其中最重要的就是孝贤皇后的弟弟傅恒，还有乾隆的亲信侍卫，如舒赫德、兆惠、富德、明瑞、阿桂等人，正是依靠这批新进的年轻人，不久以后完成了平定准噶尔和回部的业绩，开拓了乾隆中期的统治格局。

乾隆十三年孝贤皇后的丧葬和金川战争失利所掀起的政治风波，值得引起研究者的注意。因为它反映了皇权控制和整顿官僚机器的一种形式，显示了拥有至上权威的专制君主的意志和情绪会对历史产生很大影响，并且它又展现了18世

---

① 《清高宗实录》，乾隆十二年四月丙戌。

纪中叶清廷政策演变的趋势以及当时政治舞台上崛起的一代新人。这些对理解清代政治史的发展是有重要意义的。

一场得不偿失的战争

——论乾隆朝金川之役

金川战争发生于清代乾隆年间，列名于"十全武功"之内，是清王朝对聚居于四川西部高山上的藏族部落的征讨。这场战争距今已有二百数十年，在现实生活中，它的形象已经淡褪，人们几乎已经忘记了它。但它却是18世纪内时间最长、耗费最大、动员兵力最多的一次战争。战争的起因、经过、结局很特殊。在不应该也不需要进行战争的时候，清王朝却点燃起了战争的烽火，从小规模的惩罚措施逐步升级，变成大规模的征讨屠杀。清朝调兵远地，转饷数千里，狮子搏兔，竭尽全力，去讨伐地不过数百里、人不过数万口的边远部落。顿兵坚碉之下，劳师靡饷，损兵折将，屡遭挫折，最后虽然勉强取得了胜利，但力量耗损、元气大伤，付出的代价极其高昂。这是一场得不偿失的战争。

金川战争一共进行了两次。第一次发生于乾隆十二年（1747）至十四年（1749），清朝动用几万大军、二千万两军饷，先后由四川总督庆复、云贵总督张广泗和首席军机大臣、大学士讷亲任统帅,不料在弹丸之地的大金川却遭到猛烈抵抗。清军丧师失律,未得进展。乾隆帝震怒之下,杀庆复、张广泗、讷亲,制造了清朝历史上诛杀大臣的突出事件,但战局仍无起色。清廷无奈,只好与大金川言和,大金川名义上称臣纳贡,受朝廷约束,清朝在政治上保全了面子,大金川则保存了实力和影响,在川西诸土司中最为强大。矛盾暂搁置在一边,但这种暂时的妥协并没有解决问题,二十多年以后,矛盾又激化,清朝与金川再一次兵戎相见。

第二次金川战争发生于乾隆三十六年(1771)至四十一年(1776),时间更长、规模更大。两军在高山严寒地区进行长期的激烈战斗。其间经过木果木战役,清军惨败,统帅殒身。但清军重整旗鼓,用尽全力,最后平定了金川。乾隆帝感慨地说:"平伊犁,定回部,其事大矣!然费帑不及三千万,成功不过五年。兹两金川小寇,地不逾五百里,人不满三万众,而费帑至七千万,成功亦迟至五年。"①

金川战争为什么进行得那样艰难?在有限的地域内,敌方力量如此弱小,而清朝用力却如此之大,耗费之巨,出兵之多,居于"十全武功"之首。魏源在《圣武记》一书中曾经写过如下的话:"初,乾隆二十年,平准、回两部,辟地二万余里,用兵五年,用帑银三千万余两。金川地仅千里,不及准、回两部十之一二,而用兵亦五年,用帑银至七千万,功半而事倍者,则以天时之多雨久雪,地势之万夫

---

① 《平定两金川告成太学碑文》。

莫前,人心之同恶誓死,兼三难而有之。"①魏源所说影响金川战争的三个重要因素,即天时、地势、人心是很合乎实际的。尽管清朝在军事上、经济上占压倒优势,但天时不利,地势险峻,金川兵民团结奋战,力抗强敌,使清军难得寸进,战争拖延下去,成旷日持久之势,这是清朝统治者始料不及的。

我们且看看影响金川战争的这三个重要因素。

一是天时。金川在四川西部,境内两水,一为大金川(浞浸),一为小金川(攒拉)。大金川的下游即大渡河。该地山高林深、水流湍急,高处海拔四千五百米,气候寒冷,积雪不化。长年间不是飞雪就是下雨,罕有晴朗之日。据《嘉庆重修一统志》记载,该处"多寒少暑,春夏雨雪,经旬累月,罕有晴时。每雨则霹雳大作,电光中皆有声。至八九月间,始得晴霁。隆冬积雪丈余,山谷弥漫,坚冰凝结,道路不通"②。一遇大雨大雪,清军行动困难,行军、打仗、运粮几乎全都停顿。例如,清军在喇穆喇穆作战时,"数日来,雨雪连绵,层冰冻滑,官兵立脚为难"③,又在谷噶进攻时,"此时积雪满山,若遽督率进攻,断难望其得力"④。在这种情况下,战斗被迫停止,清军不得不耐着性子等候一个好天气。还有些险峻的山峦,不要说打仗,连走路也十分困难。士兵夫役稍有不慎就会跌落山谷而负伤以至殒命。如有一处名叫日拉

---

① 魏源:《圣武记》卷七《再定两金川土司记》。
② 《嘉庆重修一统志》卷四二三《懋功屯务厅》。
③ 《平定两金川方略》卷八九,乾隆三十九年二月,阿桂奏。
④ 同上书,卷七六,乾隆三十八年十月,阿桂奏。

尔的山峰,"山势本为陡峻,气候更加凛冽。自山脚以至山顶,一望皆雪,且行至山腰,即有非常之风。运粮道路,冰雪凝结,甚为险滑。虽随时开出阶梯,不过一半日,一经人迹行走,或大雪迷复,仍复掩没。是以运粮人夫,或冒寒成病,或失足跌伤者。即如梭洛柏古番民,较之内地民人最为耐寒,且善于登山。而初十日派往运米之人,亦跌毙二名,跌伤一名"①。在这样严酷的气候下,清军行动困难,使战争变得极为艰苦。

二是地势。金川地区,跬步皆山,到处悬崖峭壁、急流险滩,道路难通。金川人善于修建石碉,开山劈石、就地取材,到处修筑起碉堡群,形成坚固的防御体系。"其岭上,大碉既坚,而仄路中,凡有峰峦突起之处,贼人无不修建碉卡,层次林立,抵死拒守。"②号称雍乾之际名将的张广泗奉旨督师,他初入金川时,目睹石碉之坚,触目惊心,向皇帝报告:

臣自入番境,经由各地,所见尺寸皆山,陡峻无比。隘口处所,则设有碉楼,累石如小城,中峙一最高者,状如浮图,或八九丈、十余丈,甚至有十五六丈者。四围高下皆有小孔,以资瞭望,以施枪炮。险要尤甚之处,设碉倍加坚固,名曰战碉。此凡属番境皆然,而金川地势尤险,碉楼更多。至攻碉之法,或穴地道,以轰地雷;或挖墙孔,以施火炮;或围绝水道,

---

① 《宫中档乾隆朝奏折》三十七辑,刘秉括奏。
② 《平定两金川方略》卷二四,温福奏。

以坐困之。种种设法,本皆易于防范,可一用而不可再施。且上年进攻瞻对,已尽为番夷所悉,逆酋皆早为预备,或于碉外掘壕,或于碉内积水,或护碉加筑护墙。地势本居至险,防御又极周密。营中向有子母、劈山等炮,仅可御敌,不足攻碉……以之攻碉,若击中碉墙腰腹,仍屹立不动,惟击中碉顶,则可去石数块,或竟有击穿者。贼虽颇怀震惧,然却瓮补如故。①

在这种险峻地形上的坚固工事面前,清军碰得头破血流,正面攻碉十分艰难,"石碉本为坚固,而山形如脊,两面箐林丛密,尤未易径行抢扑"②。一般攻碉时,先以火炮连续轰击,在火力掩护下,派兵接近石碉,拆墙填壕,冲锋突前,进行肉搏。而金川番民在碉内掷石放枪,竭力抵抗。这样强攻硬打,清兵往往伤亡极大,遇到坚固的石碉群,围攻几个月,尚不能攻克,故清军视攻碉为畏途。连急于求胜的乾隆帝也深知正面攻碉之非计。他说:"朕意总以为攻取要策必为避其碉卡,越道而进,使贼人失其凭恃。"③并告诫前线将领"不可令官兵轻率扑碉,致损锐气"④。

三是人心。金川人口少,据乾隆帝说,两金川仅有三万人。但全属藏族,均信藏传佛教,团结力甚强,且勇敢善战,其

---

① 《平定两金川方略》卷三,乾隆十二年九月,张广泗奏。
② 同上书,卷九九,乾隆三十九年七月,阿桂奏。
③ 同上书,卷九,乾隆三十六年十一月,上谕。
④ 同上书,卷一〇七,乾隆三十九年十月,上谕。

男子自"十二岁以上,皆腰插短刀,习枪矛弩箭"①。大敌当前,万众一心,抗阻清军,表现出坚定的意志和强韧的战斗力。加上清廷采取拒降杀降的残酷政策,逼得金川人求生无路,只得以死相拼。乾隆帝曾公开告诉将领,不许金川投降:"僧格桑(指小金川领袖)顽梗逆命,情罪实为可恶,断不可允其所请(时僧格桑遣人在营前跪禀,乞求投降)。逆酋若至军营求告,即当就势擒拿,选派侍卫及文武干员解送京师,尽法处治。所谓兵不厌诈,断不可拘拘于抚夷小信及不杀降人之常说,以至误事。"②困兽犹斗,清朝的错误政策加强了金川人抵抗到底的决心。我们且看看金川人民在绝望之中如何挣扎苦斗。当清兵经过长期围攻,最后冲进碉堡时,金川人死守不退,"碉底挖有地窖藏身,即于地窖内攒枪上打。其在碉顶之贼,抛石下掷,势如风雨。且寨内窄狭,多兵难于施展。自寅至卯,贼人抵死不动,恐致多有伤损,当将官兵徐徐撤下。查贼人实因灭亡在即,步步为死守之计,其丑类较前更多,其预备更为严密。臣等不胜焦急忿恨"③。

清军的士气、纪律与战斗力和金川兵形成鲜明的对照。清军都是从各省调集的绿营兵,素质极差。乾隆帝骂他们"无能之绿营兵众,率皆畏葸观望。领兵将弁,又不知督策向前,一遇贼至,辄尔动摇奔溃"④。因此,金川兵能够以寡敌众,以弱胜强。

---

① 《嘉庆重修一统志》卷四二三《懋功屯务厅》。
② 《平定两金川方略》卷一〇,乾隆三十六年十一月,上谕。
③ 同上书,卷一〇四,乾隆三十九年九月,阿桂等奏。
④ 同上书,卷一一,乾隆三十六年十一月,上谕。

清王朝在天时、地势、人心三方面均居于不利地位，故金川战争劳师糜饷，久而无功。清朝对这些情况早就觉察到了，特别是第一次金川战争以后，清朝碰了很大的钉子，出师不利，因而杀掉了首席军机大臣讷亲、名将张广泗、总督庆复，而不得不与金川停战言和。当时，乾隆帝考虑了各种不利因素，知难而退，决定停战休兵。他说：金川用兵两年，"经费实已难乎为继矣。金川小丑，朕本非利其土地人民，亦非喜开边衅……且入夏雨多，进取非便，而京兵不耐水土，又岂能暴露蛮荒，驻待秋晴攻剿。况以帑藏之脂膏，供不赀之糜费，尤为非计……不若明下诏旨，息事宁人，专意休养，亦未始非两阶干羽之遗意"①。应该说，对金川招抚言和是明智之举。后来的种种事实证明，金川犹如无底洞，即使投入大量兵力、财力，亦难收功效，而一场旷日持久的战争，势将耗尽清朝的国力。由于第一次金川战争及时言和，很快结束，清朝得以养精蓄锐，积聚力量。而准噶尔这时连年内讧，势力大衰。清朝则财库充盈，兵强马壮，遂得抓住时机，出师西征，所向克捷，平定准噶尔与回部，巩固、保卫了西部边疆。如果在金川战争中继续纠缠，势必精疲力竭，难以腾出手来去完成平准、平回的重大业绩。

但是，时隔二十多年，当平准、平回战争获胜以后，志得意满的乾隆帝似乎忘记了第一次金川战争的经历，忘记了自己说过的"以帑藏之脂膏，供不赀之糜费"的深刻教训。

---

① 《清实录》，乾隆十三年十二月。

又于乾隆三十六年（1771）再一次用兵金川，重蹈覆辙。

清廷为什么没有考虑第一次金川战争的教训？为什么在已经体面地从金川脱身以后二十多年又一次陷入泥淖？是什么力量推动它去进行第二次金川战争？

情况是相当复杂的，有许多因素决定着第二次金川战争的爆发。当战争开始时，清廷的处境、力量、心态与二十多年前是很不相同的。

首先，金川的地位比二十多年前更为重要了。乾隆十五年（1750），西藏发生那木札勒叛乱，在西藏亲近中央势力的努力下，叛乱很快被平定。此后，清廷更积极地经营西藏，颁布《西藏善后章程》，扶植和巩固达赖喇嘛的地位，增加驻兵，加强驻藏大臣的权力，西藏与内地的经济、文化交流更加密切。金川虽属边远山区，但离打箭炉不远，此处是通往西藏的交通要道，清廷希望保持这个地区的安定局面，使通往西藏的道路畅通无阻，密切注视着该地土司力量的消长，难以容忍金川的跋扈不驯。当然，这一点仅是促使清廷关心该地区的一个因素，尚非大举出兵金川的充足理由。因为金川地小人寡，当地土司力量分立对峙，无人能统一号令其众，它的行动受到各土司的牵掣。如果它盘踞当地，如猛虎在山，占着天时、地势、人心的优势，可以给进攻的清朝军队制造很大困难。但如果离开了山高林密的据点，反守为攻，派兵出征，易地作战，就完全失去自己的优势，根本不具备进攻的力量和条件，不能对内地造成危害，甚至也不足以威胁进藏的通道。因为打箭炉距金川亦有数百里，只要清廷对各土司驾驭得宜，并在该地加强防御，金川也没有进攻打箭炉的力量。

第二次金川战争爆发的更重要的原因是：清朝实力的增长，反映到统治者的思想中就是好大喜功、穷兵黩武倾向的抬头。这时，准噶尔、回部已经平定，清廷在几次大战役中大获全胜，开疆拓土，巩固了国家的统一，立下了前史罕见的巨大功勋。统治者被胜利冲昏了头脑，以为"天朝上国"，何事不可为？何求不能得？全国之大，金川之小，力量对比悬殊，这一力量对比的表面现象，使清廷的高傲心态达到了顶点，过低估计了战争的困难和金川民众抵抗的决心，忘掉了第一次金川战争的教训，而敢于再次发动战争。

应该说，清廷在平准、平回之后，黩武主义的倾向并不只表现在第二次金川战争上。在此之前，乾隆三十一年（1766）清廷对缅甸进行征讨，历时亦五年，先后调兵六万，耗帑银一千三百万两，规模虽逊于金川战争，而受挫之严重，更有过之。缅甸战争，其始不过是边境骚扰，而边将欲开衅端，夸大情况，怂恿发兵，以邀功贪赏。故清廷在并非必须大动干戈的场合，贸然兴师，大举征缅，而天时、地势、人心均极不利，情况与金川战争如出一辙。清军入缅，不能适应热带丛林的气候与瘴疠，战斗屡次失利。历任统帅均殒命，云贵总督杨应琚因兵败赐令自尽；将军明瑞率军深入缅甸，被切断后路，全军覆没，战死异国；大学士傅恒督师缅境，战斗僵持，劳师无功，身染重病，不得已撤兵，回国后病故。当乾隆帝决定出兵缅甸时，挟战胜准噶尔、回部之余威，踌踌躇满志,绝没有想到征缅的困难程度。他声称,缅甸"野性难驯,敢于扰害边境,非大加惩创,无以警凶顽而申国法。刘藻(云南巡抚)等既经派兵进剿,必当穷力追擒,捣其巢穴,务使根株尽绝,边徼肃清"①。乾隆帝为了保卫国家领土,使用武力是正当的,但他为了对付边境骚扰,提出捣"其巢穴,务使根株尽绝",事实上,清军不可能也不必要做到这一点。乾隆帝还告诫:"恐刘藻拘于书生之见,意存姑息,仅以驱逐出境,畏威逃窜,遂尔苟且了事。"乾隆帝提出了一个不切实际的战略目标,动员大军进入缅甸,使本来容易解决的边境冲突演化成一场灾难性的战争,最后损兵折将,仍不得不撤兵守边,与缅甸交涉议和。缅甸战争表现了乾隆帝在平定准、回之后的黩武主义心态,结果碰了很大钉子,而金川战争则是这种心态的又一次暴露。这两次战争的起因与后果均相类似,不过,前者是与外国缅甸作战,而后者则是对付国内的少数民族。

金川战争起因于当地诸土司部落之间的内部争斗与互相吞并。川西地区居住着许多藏族部落,除大金川、小金川以外,尚有绰斯甲布、革布什咱、巴旺、党坝、鄂克什、从噶克、梭磨、卓克基、杂谷、明正诸土司。各部落之间既互为婚姻,贸易往来,又倾轧争夺,竞相雄长。这种部落战争本是少数民族中司空见惯的现象,中央朝廷一向听其自然,最多只进行调解,而自己并不卷入其中。就像一位官吏所说:

---

① 《清实录》,乾隆三十年十二月。

"此等蛮触相争，只宜分防边隘，遣派干员排解，使其互相牵制，就我鞭箠。"①后来，大金川的势力日益强大，侵凌其他土司，占据革布什咱，势将打破该地区传统的力量均势。乾隆二十三年（1758）四川总督开泰建议：介入该地的部落冲突。他认为：大金川并吞革布什咱，破坏了当地的安定。"革布什咱界连明正土司，若为金川久据，则不惟巴旺与小金川势颇危迫，即明正亦须时加防范，殊为阻碍。番性顽劣，既非言语所能速化，而伊等互斗之事，又未便遽用内地兵力。臣等详细筹计，惟有驾驭各土司，令其以番攻番。"②这一政策得到了乾隆帝的认可，从此，川西土司争斗的形势为之一变，从大金川攻打周围弱小土司变成清廷组织和支持诸土司联合抗击大金川。清廷尚不愿参与这类地区冲突，故并不直接出兵，以为利用其他土司的力量足以遏制大金川，但实际上这种以"番制番"的政策却正在牵引着清廷身不由己地走向大规模战争。

在清廷的号召、支持下，明正、巴旺、绰斯甲布联合进攻大金川，大金川战败，退出革布什咱。由此可见，金川兵离开本乡，作战于附近部落内，即已失去优势，力量不能发挥，几处土司联合防御，已可挫其锋芒。金川问题，对清朝来说，根本不成为严重威胁，以后的大规模战争，不过是在错误方针的引导下，把人力、财力虚掷于无用的地方。

不幸的是，诸土司联合抵抗的微小胜利，刺激起了清王

---

① 《平定两金川方略》卷一，乾隆二十年七月，黄廷桂奏。
② 同上书，卷一，乾隆三十三年五月，开泰、岳钟璜奏。

朝剪灭大金川的巨大欲望。乾隆帝指示说："金川原属不安分土司，若众土司等能协力除之，而分其地于番境，转可久远相安，正不必以滋畔不已为虑。第此等机宜，自不便于明谕，宜密饬文武各员，微示其意于众土司，俾其知所从事。""看来革布什咱等与金川相持不下，不过欲众分金川之地。郎卡（大金川领袖，死后由其子索诺木继承）盘踞金川，终非善策。如果能协力瓜分，正可听其自然，所谓'以番攻番'之一策也。"① 这一指示，使川西斗争的态势又一次发生变化，以前是大金川侵凌其他土司，在众土司的土地上作战，大金川是进攻的一方；现在是众土司在清朝的教唆下为瓜分大金川而战，战斗在大金川的土地上，大金川成为防御的一方。攻守易势，投入的兵力和战斗的结果很不相同，形势更加复杂化。众土司在清朝指使下，对大金川合围、孤立、进攻，此后几年间，战斗频繁，迄无宁息。

在川西的部落冲突中，清政府开始只躲在幕后，暗中唆使众土司进攻大金川，以后为了鼓励众土司出力，公开出面，给众土司奖励赏赐。乾隆帝说，"以番攻番，自是乘机善策。九土司等果能齐心协剿，其势实有可图，但各土司未经明白传谕，未免尚存迟疑之见"，命令四川官员向土司们宣布消灭大金川的意旨，"尔土司等果能殄灭此酋，所有金川之地，就各番寨所近，即令分析划界管理。如此开导土司等，既可剪灭仇雠，又得增开疆土，自必倍加勇跃"，并且"时为策励，

---

① 《平定两金川方略》卷一，乾隆三十四年四月，上谕。

酌加赏恤，以致其勇往"①。

清廷指望假手众土司，消灭大金川，自己不费吹灰之力而坐享其成。它的算盘打错了，这种"以番攻番"的政策，加剧了川西地区的矛盾，使形势更加复杂化，而清廷为了求胜，越来越多地介入地区冲突，公开发号施令，实际上是把自己拴在飞驰的战车上，奔向大规模战争的无底深渊。

事态发展至此，尚有可以转圜的余地。大金川战事频仍，究竟寡不敌众，疲于奔命。"金川番民，本为有限。兹各土司四面围攻，男丁轮防碉卡，妇女背运口粮，迄无休息。"②大金川土司郎卡再三恳求清廷停战，态度很恭顺，番民焚香跪接清吏，郎卡禀告："伊本天朝土司，惟与众土司不和，众土司因将不法之事，向内地父母官前控告。如今只未作主割断，伊惟恪遵吩咐，丝毫不敢多事。"③表示愿意退还所侵占的众土司的土地、人口，"情愿顶经设誓，甘心改过"。不管郎卡求和是否出于诚意，但他畏惧清廷，不敢公开对抗是很显然的。如果清廷接受其请求，善于处理，秉公调解众土司的纠纷，那么，金川地区的和平可能恢复和维持下去，不至演变成一场大战。但乾隆帝拒绝郎卡的和平要求，以为大金川不日可以平灭，指示四川官吏"不必二三其意，仍持前议，久而不懈，自可成功。况又无甚大费，莫为属员了事将就之议"④。故川西土司之间的战争，在清廷的导演和支

---

① 《平定两金川方略》卷三，乾隆三十九年八月，上谕。
② 同上书，卷四，乾隆三十年二月。
③ 《平定两金川方略》卷二，乾隆二十六年四月，开泰、岳钟璜奏。
④ 同上。

持下，一直在进行着。

出乎清廷意料的是，数年战争，大金川并未削弱，反而越战越强。乾隆三十一年（1766），大金川进攻党坝之额碉，巴旺之卡卡角，大获全胜。土司联军其志不一，有的土司本和大金川有姻亲关系，在清廷催促下不得不出兵，更消极观望，不肯出力；有的土司索性与大金川串通一气，把粮食弹药卖给大金川，把清廷的意图告知大金川，使清廷陷入很尴尬的局面。乾隆帝不得不承认"以番攻番"政策的破产，他说："九土司会攻金川一事，相持已将数载，尚无就绪，兹询之岳钟璜，亦未有善策。以番攻番之计，似难责效。"①

金川地区的矛盾仍在继续发展，尽管清廷小心翼翼地避免军事介入，但它既执行"以番攻番"政策，以后就难以置身事外，坐视众土司被金川击败。乾隆三十五年（1770）局势恶化，战火更炽。这时力量的组合发生了变化，从前相互敌对的大金川和小金川握手言欢，并肩作战，一起进攻革布什咱、鄂克什、明正等土司，诸土司自身的力量已不能抵御大小金川的凌厉攻势，为了保护诸土司不被金川消灭，清廷只好违反初衷，派兵五千，"不得不临以内地兵威，设法掩杀，以挫其气"。原本指望以众土司之力平灭大金川，现在不得不派兵保护众土司，清廷由于政策错误，身不由己地动用武力，从此揭开了第二次金川战争的序幕。

如果为了保护众土司，防守要隘，协助作战，则出兵

---

① 《平定两金川方略》卷四，乾隆三十年六月。

五千，已可阻止两金川的进攻。但乾隆帝过高地估计这五千军队的力量，以为既已动用军队，不应只限于防御，而应发动进攻，以五千兵力平灭两金川，固无可能，但如果只平灭较弱的小金川，则兵力似已够用。因此，他责成前线将领，务必攻克小金川的据点美诺，擒获小金川土司僧格桑，"捣其巢穴，务擒凶渠……切不可因其窘急求宥，辄事调停定局，致养痈贻患也"①，至于大金川的难于攻打，乾隆帝是领教过的。二十多年之前的第一次金川战争，动用大量兵力，结果损兵折将，并未奏效。几年前，在清廷主持下的众土司联军亦以失败告终。乾隆帝认为，对小金川进攻，就是对大金川的震慑，"惟将小金川上紧攻剿，擒获凶渠，削平其地，则金川（指大金川）自必闻风畏惧，不敢复行梗化，办理之法，无有逾于此者"②。

平灭小金川，威慑大金川，是第二次金川战争开始时乾隆帝的战略目标，但这仅是一厢情愿。他最初只派五千人的军队，以之守护众土司，尚可维持局面，以之进攻金川，即使只进攻小金川，兵力也是远远不够的。小金川虽然力量较弱，道路较近，但同样是高山难越、坚碉难攻。当实际进攻开始，战斗十分艰苦，兵力不敷分配，要达到扫穴擒渠的目标，就势必要添兵增饷，扩大战争的规模。最初主持战事的四川总督阿尔泰亲历战地，了解情形，提出不同意见。他认为攻打金川"需兵既多，糜费愈重"，而且两金川勾结紧密，

① 《平定两金川方略》卷六，乾隆三十六年七月。
② 同上书，乾隆三十六年七月。

难以分化,不能只打小金川,不打大金川。故而主张在众土司要隘之地,派兵协助防御,遏制两金川的攻势,而仍以议和结局。这一意见遭到乾隆帝的严厉批驳:

> 小金川因金川(指大金川)与革布什咱相仇,敢于效尤滋事,其情甚为可恶。就两处情形而论,亦判然不同。朕意宜先办小金川,擒其凶渠,治以重罪,则金川(指大金川)自当闻风畏惧,敛迹归巢,斯为一举两得,阿尔泰何竟见不及此……剿擒僧格桑(小金川领袖),相机而行,务在必得,此事方能完局,岂可稍涉游移耶!……今乃云酌拨兵练,防御明正要隘,倘再肆滋扰,一面相机办理等语,更属非是。试思僧格桑去岁甫受约束,曾未逾年,复攻围鄂克什,且又侵及明正土司,即宜兴师问罪,以儆凶顽,尚何所用其迟疑缓待,必欲纵令鸱张,坐贻养痈之患耶?阿尔泰久任封疆,不应不晓事若此。至金川形势险隘,非小金川可比,原不便轻率用兵。且果能将小金川严办,示之炯戒,则索诺木(大金川领袖)自当闻风知畏,不待剿而自退,何至虑及一并用兵,需兵多而糜费重?阿尔泰岂全未审度事理重轻,惟急于完事卸责乎!阿尔泰著传旨严行申饬。[①]

[①]《平定两金川方略》卷六,乾隆三十六年七月。

封建专制时代，皇帝的意志是不可违拗的金科玉律，不同的意见被压制下去，清廷沿着错误的道路走下去，终于付出巨大的代价。用五千兵力，达到平灭小金川的战略目标是不可能的。皇帝既然不肯降低战略目标，必欲擒杀僧格桑，就不能不增加兵力。当阿尔泰与各方面筹商兵力饷项时，皇帝极不耐烦，对阿尔泰非常不满，认为他犹豫迁延，贻误战机，再次下谕：

> 进剿汉土兵练，或有不敷，即当早为筹拨，如成都满兵、川省绿营，皆可酌量调派。阿尔泰既不能预筹及此，转以兵力应否增添，商之提臣酌办，尤为可笑！督臣统辖全省军务，即提督亦听其节制，有何顾虑，而以添兵之事，委之提臣，致往返迁延乎！又所称余茶息银，不敷克用，更为不晓事体。既遇此等夷疆要务，即当通盘筹画，裕饷济师。朕于各省军民要务，即所费较多，从不稍为靳惜，亦并未曾以此加罪于人。阿尔泰身为大臣，宁不知之？不宜识见卑鄙至此，著传谕严行申饬。①

这道谕旨为添兵增饷，发动大规模进攻开放了绿灯，于是川西的土司纠纷升级成为全国性的军事讨伐。乾隆三十六年（1771）九月，清兵已增至一万人。朝廷还在大批调动军队，

---

① 《平定两金川方略》卷六，乾隆三十六年八月。

派温福为定边将军，率兵入川，统辖前线军务。乾隆三十七年（1772）初，兵力已增至两万，战事尚无进展，还在调兵遣将，至五月间，已调陕甘兵、贵州兵合之四川绿营土练，不下六七万人。如果加上运送粮食弹药的夫役，人数达十余万，接近两金川全部人口的四倍。真可谓狮子搏兔，用尽了全力。

为了稳定川西局势，消解土司纷争，是否值得这样大动干戈？确是大有疑问的。当时朝廷内和军营中主张招抚议和者大有人在，但乾隆帝刚愎自用，一旦做了决定，不肯认错改辙，对于不同意见，概不采纳。并且为了钳制反对者之口，严刑峻法，滥施淫威。四川总督阿尔泰成为牺牲品，乾隆帝对他屡加申饬，后来索性将川西糜烂的责任推到阿尔泰身上，说他存"姑息完局之见，种种不合机宜，甚不满朕意"①，两金川之事即由阿尔泰"因循姑息，办理软弱，酿成事端"，还罗织了其他许多罪名，将主张招抚的阿尔泰处死。继任的川督德福也倾向招抚议和，微露己意，即遭乾隆帝痛骂逼"其乖谬之见，借滇省事宜，欲以讽谕罢小金川之事"，"尚未接印，即生畏事之心，希欲阻挠军务，妄奏取巧，深负朕委任之恩"②，旋被革职，发往伊犁，听候差委。连派往前线办事的乾隆帝的爱婿、蒙古亲王色布腾巴勒珠尔，亦赞成议和了局，与统帅温福龃龉，因而"所有爵位职任，著俱革退"，被解京受审，撤去黄带，在家圈禁（不久又复职）。乾隆帝

---

① 《平定两金川方略》卷六，乾隆三十六年八月。
② 《清实录》，乾隆三十六年九月丁卯。

这样严厉地压制反对意见，诸将群僚莫不噤若寒蝉，不敢再言招抚。战争就这样继续下去，清军遭到出乎意外的顽强抵抗。七万清军耗时八个月，直到乾隆三十七年（1772）年底，才攻下小金川的据点美诺。僧格桑逃往大金川，大金川的索诺木不但没有像乾隆想象的那样"闻风知畏，不待剿而退"，反而收容僧格桑和小金川的部众，继续抵抗清军。

战争还在进行，清军虽然攻取了美诺，却并未"扫穴擒渠"，取得全胜。动用了巨大兵力，而所得战果并不相称，乾隆帝很不甘心。在他看来，出兵达七万，已攻下小金川，如果再做努力，平灭大金川，当亦非难事。若将僧格桑和索诺木一起擒获，川西永保太平，岂不是一劳永逸？因此，原来只是平灭小金川、威慑大金川的战略目标为另一个更加诱人的战略目标所取代，即将大小金川一起平灭。早在小金川据点美诺尚未攻下之前，乾隆帝就考虑到战局可能的发展，指示前线将领说："若僧格桑窜入金川，而索诺木竟敢抗不擒献，必当移兵申讨。即令预选之健锐、火器两营劲旅，迅速起程。即或更需添调邻省绿营精兵，亦无不可，果能并灭金川，实一劳永逸之计，朕亦断不惜费。昨岁已拨饷三百万两，解川备用。将来并不妨再添拨三百万两，现谕户部查议，另降谕旨。此时部库所积，多至八千余万，朕每以存积太多为嫌，天地生财，止有此数。今较乾隆初年已多至一半有余，朕实不欲其多聚，若拨发外省公事动用，稍减盈积之数，亦属调剂之一端，将此意令温福等知之。"① 此时的乾隆改变了一年以前自己提出的战略目标，明确宣示大小金川一起平灭的意向，并向温福等表示，目前朝廷兵广银多，正在继续调兵增饷，增加进攻实力，不必有所顾虑。当温福等对于平灭大金川流露出畏难情绪时，乾隆责备他们察"温福等之意，似以擒获僧格桑，军务即可告蒇，而于进剿金川（指大金川）之事，畏难犹豫，甚属非是。此时温福等惟当即抵美诺，速擒逆酋，若僧格桑业已就获，即移胜兵，分路进剿金川。万一僧格桑兔脱遁至金川，正可统兵深入，收一举两得之利，何所用其游移却顾乎"②！乾隆帝提出了另一个战略目标，致使战争继续拖延，劳师縻饷，兵连祸结，给两金川造成极大灾难，也使全国蒙受长期战争的不良影响。

大金川见大兵将临，不免心存畏惧，屡次派人乞和。但乾隆帝坚决拒绝。他说："逆酋来降乞命，尤当付之不闻，非但僧格桑不可轻宥，即索诺木亦罪无可宽，岂有费如许兵力，仍以姑息了事，复贻后患之理。"③ 索诺木投降无门、求生无路，逼得他只能竭力抵抗，以死相拼。

出乎统治者意料的是，尽管金川一隅，兵将云集，但天时、地势、人心极为不利，在金川军的顽强抗击下，清军惨败。乾隆三十八年（1773）六月，灾难降临，清军驻在木果木的大营，遭到金川兵的偷袭，两万清军，队伍大乱，士兵和民

---

① 《平定两金川方略》卷一六，乾隆三十七年正月。
② 同上书，卷二六，乾隆三十七年四月。
③ 《清实录》，乾隆三十七年十月丁亥。

夫一起，闻风逃窜，沿途站卡，不战而溃，统帅温福和许多提督、总兵被围战死，"我兵自相践踏，终夜有声，渡铁锁桥，人相拥挤，锁崩桥断，落水死者以千计"①。兵力占巨大优势，却遭到如此惨败，为战争史上所罕见。乾隆帝引以为奇耻大辱："国家百余年用兵多矣，从无此事……何以贼番一至，手足无措，溃散竟至于此……朕之误任温福，惟有引咎自责而已。"②

木果木战败之后，乾隆帝愧愤交加，誓灭大金川，又派阿桂为征西将军，继任统帅，增调军队，追加饷银。阿桂具有谋略，用兵谨慎，吸取战败的教训，步步为营，防护后路，逐渐推进，不求速胜。又经过一年八个月的艰苦战斗，合围大金川的最后据点噶拉依。其时僧格桑已死，索诺木力竭出降，献俘北京，他和其他重要的金川领袖均遭寸磔酷刑，清廷勉强取得了战争的胜利。

金川战争，调兵之众，费银之多，耗时之久，在乾隆朝十"全武功"中，首屈一指。清廷征讨两金川，不过是为了平息土司内讧，安定川西局面。而要达到这一有限的战略目标，完全可以采取谈判、调解、招抚、羁縻等政治手段。在战争之前，许多官僚将领以及乾隆帝本人早已意识到这场战争的艰巨，并不必动用武力。早在乾隆十二年（1747），乾隆帝谕旨称川西土司互斗，"小小攻杀，事出偶然，即当任其自行消释，不必遽兴问罪之师。但使无犯疆圉，不敢侵扰，

---

① 昭梿：《啸亭杂录》卷七《木果木之败》。
② 《清实录》，乾隆三十八年七月。

于进藏道路塘汛无梗,彼穴中之斗,竟可置之不问……苗蛮顽梗无知,得其人不足臣,得其地不足守,蜂屯蚁聚,无足深较"①。但是,第一次战争还是发生了,经过两年的战斗,清军处处碰壁,损兵折将。其时国库空虚,战争难以为继。乾隆帝急忙脱身,与金川言和息兵,这不失为明智之举。事隔二十多年,川西土司仍在内讧,乾隆帝鉴于以往的教训,本不想出兵,他仍说:"蚁斗蛮触,不足以发兵问罪。""金酋原无干犯内地,不过与众土司互相仇杀,本无庸声罪致讨,且不值一办。"②但是,以番攻番的错误政策加剧了川西的矛盾,使清廷沿着错误的方向滑下去。开始时,是指使和支持众土司攻打大金川,想不费力气坐收渔翁之利。不意大金川越战越强,众土司反遭攻打。清廷不好袖手旁观,只得出兵援助众土司。既已出兵,又想平灭较弱的小金川,以震慑大金川。不料平灭小金川亦非易事,陆续增兵,达七万人之多,打破了乾隆朝出兵数目的最高纪录。派兵如此之多,索性将两金川一起平灭,以永保川西的太平。当清廷一旦进入这场战争的怪圈,似乎不是人在指挥战争,而是战争机器在支配人、操纵人,拉着人向前奔跑。战争的目标与增加的兵力两者互相牵引,为了达到既定的战争目标而增加兵力,又因增加了兵力而提高战争目标,如此循环转动,螺旋上升,导致战争不断升级。

应该说,金川战争的再起和扩大,与封建专制制度下皇

---

① 《清实录》,乾隆十二年二月癸酉。
② 同上书,乾隆三十一年九月辛巳。

帝的独断专行以及乾隆帝的心理、性格有着密切的关系。第一次金川战争失利,乾隆帝虽然及时言和,明智地抽身,但心中形成了解不开的金川情结,对金川深恶痛绝。平准、平回的胜利和国库贮积的丰盈,刺激起乾隆帝再次使用武力的欲望,故第二次金川战争的发生并非事出意外。当时,乾隆帝由于国力增强、财政富裕,对于用兵征伐有恃而无恐,对周边部族和邻国持强硬态度。他总结历史上治边对外的教训,认为张"挞伐则彼畏而敛迹,主和好则彼轻而生心,汉唐宋明之覆辙,率可鉴也"[①]。这段话反映了封建大国鼎盛时期最高统治者的心态和政策趋向,这是金川战争一发而不可收的心理因素。在封建专制政体之下,乾纲独断,皇帝的意志决定一切,不可违抗,也很难改变。诸大臣几乎不敢劝谏,不同意见不但摒弃不纳而且遭到压制,大家只好跟着皇帝一路蛮干下去,使一场本来可以收拾的局部性冲突,演变成灾难性的大战争。

战争是政治的继续,古往今来很多政治矛盾就是用军事手段来解决的,故而在历史上,战争经常发生,不可避免。但"兵凶战危",古人所诫。解决政治矛盾可以有多种多样的和平途径,战争并不是唯一的手段。发动战争之前,身居高位的决策者必须全面而慎重地估计各种条件、因素,衡量其后果,努力寻求和平地解决政治矛盾的途径,避免战争的发生。错误地、轻率地使用武力将付出巨大的代价。有些战争,

---

[①] 《平定两金川告成太学碑文》。

旷日持久，劳师縻饷，损失严重，即使取得胜利，也将成为得不偿失的战争。金川之役，用兵太多，靡费过大，这是乾隆朝后期国力衰落、政治不振的原因之一。

我国最多产的一位诗人

——乾隆帝

乾隆帝（爱新觉罗·弘历）是清朝的第六个皇帝。他活到八十八岁，是历代帝王中活得最长的。实际统治中国六十三年多（当皇帝六十年，当太上皇三年），是中国封建社会晚期一个关键性的历史人物。他的年号，家喻户晓，众所周知。对他有各种各样的议论、评价、传说。人们知道有关他的许多事情，比如"十全武功"、《四库全书》、"六下江南"，还有和香妃的艳史、跟海宁陈家的关系、晚年对和珅的宠信等等，有的是事实，有的则是捕风捉影的传闻。总之，他是一个被人谈论很多、充满传奇色彩的人物。但是，有一点却很少有人提起，就是乾隆帝一生喜爱读诗，喜爱写诗，是中国诗史上创作最宏富的多产诗人。

乾隆的御制诗集共五集，四百三十四卷，收诗四万一千八百首。这是其在位六十年间所写的，平均每天要写两首诗。所谓"五集篇成四万奇，自嫌点笔过多词"[1]。此外，在他即位以前，

---

[1] 《御制诗余集》卷一九《鉴始斋题句》。

当皇子的时候，有《乐善堂全集》；在他退位以后，当了太上皇，有《御制诗余集》。这些还在四万一千八百首以外。其诗作之多，有史以来，首屈一指，无人可望其项背。就拿康熙年间编印的《全唐诗》来说，搜罗宏富，洋洋大观，共九百卷，收集唐代三百年中两千二百多位诗人的作品，也才只有四万八千余首。乾隆帝一个人的诗作，篇幅上竟可与遗留下的全部唐诗相比拟，其数量之多、创作之勤，实可令人惊愕。

写诗是乾隆一生的嗜好，他无日不在咿呀吟哦之中。在大内、御园居住办公也好，到江南、塞北巡幸围猎也好，有时军书旁午、公务繁忙，有时四方无事、政清刑简，可他始终保持写诗的习惯，留下大量诗篇。他自己说："平生结习最于诗"①，"笑予结习未忘诗"②。又说："几务之暇，无他可娱，往往作为诗、古文、赋。文赋不过数十篇，诗则托兴寄情，朝吟夕讽。其间天时农事之宜，莅朝将事之典，以及时巡所至，山川名胜，风土淳漓，莫不形诸咏歌，纪其梗概。"③

诗是文艺作品，写得多不一定写得好。乾隆的诗，水平怎样？自然，他的大臣们对皇帝的作品大加赞誉，竭力恭维，什么金"声玉振，函盖古今"、什么"神龙行空，瞬息万里"，这类过分吹捧的话是不能相信的。乾隆对自己的诗，有两个

---

① 《御制诗三集》卷二五《题郭知达集九家注杜诗》。
② 《御制诗五集》卷七〇《题玉澜堂》。
③ 《御制文初集》卷一一《初集诗小序》。

字的评价,即"拙速"。"拙速吾犹惯"①,"拙速由来我所能"②,这多少反映了他写诗的特点。他写诗很快,不拘格律,不事雕饰,信口拈来,便成篇什。有些诗还比较清新自然,但总的来说格调不高,佳作不多。

乾隆主张诗以言志,贵有内容,标榜"清真雅正"的诗风。不主张立异猎奇,不使用绮辞丽句,"志言要归正,丽句却须删"③,"触兴便拈吟,绮丽非所羡"④,他对杜甫十分倾倒,"葩经到此千余载,只爱杜陵菽粟文"⑤,"我读杜诗亦已屡,每一开编兴会殊"⑥。他特别反对宫体诗、香艳诗,诗风和前代帝王陈后主、隋炀帝、李后主、宋徽宗迥异。不少人误以为乾隆是个风流天子,一定会写些缠绵悱恻、儿女情长的诗句,而实际上,他的诗具有强烈的政治色彩和正襟危坐的道学气味,绝没有儿女情、脂粉气。在他写的那么多的诗中,没有美女宠妃的形象,也没有轻歌曼舞的场面,甚至诗中从来不用"酒"字。他说:"予向来吟咏,不为风云月露之辞,每有关政典之大者,必有诗记事,即游艺拈毫,亦必于小中见大,订讹析义,方之杜陵诗史,意有取焉。"⑦

由于乾隆要"小中见大",想在诗中说点大道理,又总想表现自己的"勤政爱民""文治武功",因此他的诗矫揉、

---

① 《御制诗五集》卷二二《至保定府行宫驻跸》。
② 《御制诗四集》卷八《再游平山堂》。
③ 《御制诗五集》卷二一《藻韵楼》。
④ 《御制诗三集》卷三三《盘岚精舍》。
⑤ 《御制诗初集》卷二〇《漫兴》。
⑥ 同上书,卷四四《读杜诗》。
⑦ 《御制诗余集》卷二《惠山园八景》诗注。

自诩和说教的味道很浓厚，不能不落入诗的下乘。再加上写诗太多，出手太滥，不加锤炼推敲，所谓"岂必练研求警句，兴之所至笔因拈"①，诗味不足。许多应兴即景的诗，信手涂鸦，千篇一律，味同嚼蜡。有些诗还要遵照程式旧例，譬如每年的元旦、上元、冬至、除夕，都要按例写诗，诗的体裁、字数是预先规定好的，"每岁元旦及试笔诗，皆七言，除夕诗皆五言，数十年来，遂成常例"②。这类诗，谈不上什么真性情、真胸臆的抒写。还有一些诗，要凑成五言、七言，任意减字、增字，如"土尔扈特"减一字，成"土尔扈"，"札什伦布"加一字，成"札什焕伦布"。这种杜撰的词汇和生硬的用句，比比皆是。有时字句省略太多，上下不相连贯，意义晦涩不明。例如，乾隆四十一年（1776），他在巡幸途中，接到北京下雨的报告，咏诗一首：

阁报例应隔日至，均称二寸雨欣滋。
然斯乃谓十八彼，料彼未知旬九斯。

这首诗，不但没有诗味，而且意义费解，不知所云。幸亏乾隆的许多诗，附有很长的注文，以详叙事实，说明诗意。看了注文，才知道原来乾隆在巡幸中，照例两天一次收到北京送来的阁报。阁报中说北京下了两寸雨，他感到很欣慰。可是又接到直隶的报告，说易州在十九日下雨四寸，易州和

---

① 《御制诗三集》卷六三《永恬居》。
② 《御制诗五集》卷三五《元旦试笔》。

北京下的雨量不一样。北京所报是十八日的情形,大约还不知道十九日的情形吧!这里省略了下雨两寸和四寸的差别,省略了直隶奏报,省略了两地雨量的比较,只剩下十八日和十九日,如果不看诗注,怎么也弄不清诗的意思是什么。

乾隆写诗很快,有时每天可写诗十几首。例如,乾隆三十六年(1771),他乘船去昆明湖,不到一个小时就写了八首诗,"舟行十里诗八首,却未曾消四刻时"[①]。又如,乾隆四十九年(1784),他去香山游览,"自十一日驻跸香山,五日得诗凡六十七首"[②]。他自述写诗迅捷的体会:"放舟揽景,俄顷之间,得诗数首,非欲与文士争长,正以理精辞熟,自觉有水到渠成乐趣。"[③]事实上,乾隆的好胜心很强,常常因自己"诗才敏捷"而流露出沾沾自喜的心情。和珅就很会投其所好,大拍乾隆的马屁:"皇上几余吟咏,分章叠韵,精义纷纶,立成顷刻,真如万斛泉源,随地涌出。昔人击钵催诗,夸为神速,何曾有日咏十余,韵至十叠者。"[④]

乾隆写诗,也有写得少的时候,一是即位之初,孜孜求治,致力于政务,怕写诗会分散自己的精力,故诗作极少。乾隆元年(1736)他写的诗里说:"媵有忧怀批奏牍,那余逸兴赋诗篇。"[⑤]从乾隆元年到乾隆四年(1739),每年只有几十首诗,以后逐渐增多,乾隆十年(1745)以后,每年写

---

① 《御制诗二集》卷九九《过广源闸换舟遂入昆明湖》。
② 《御制诗五集》卷一五《香山旋跸》。
③ 同上书,卷九五《由玉河泛舟至万寿山清漪园》。
④ 乾隆五十八年重华宫联句和珅诗。
⑤ 《御制诗初集》卷一《览旧作志怀》。

诗均达数百篇。二是他的诗兴，也有季节性，春季诗兴最浓，诗作最多，夏秋次之，到了冬天，好像文学灵感也要冬眠似的，很少写诗。冬至以后，几乎搁笔。三是在忧伤、烦闷的时候，写诗的雅兴随之衰退。乾隆四十二年（1777），他的母亲孝圣皇太后逝世，他十分悲痛，这年的诗作明显锐减。又如，他当太上皇以后，白莲教起义声势浩大，他焦虑不安，说"迩来心绪懒吟兴"，"近因盼望捷报，心绪焦劳，吟兴为之稍减"①。但总的来说，他的诗兴一直是很高的，创作活动也长久旺盛而不衰。

乾隆作为至尊的天子，不屑与文人墨客为伍，可为了写诗，也要找几个诗友联句唱和。他的两个弟弟和亲王弘昼、果亲王弘瞻，常陪他吟诗。"上即位后，优待和、果二王，每陪膳侍宴，赋诗饮酒，殆无虚日。"②乾隆早年对著名诗人沈德潜最为倾倒，说"德潜早以诗鸣，非时辈所能及。余耳其名已久。频年与之论诗，名实信相副"③。还有钱陈群也常与乾隆唱和："陈群深于诗学，书法亦苍老。家居以后，每岁录寄御制诗百余篇，命之和，陈群既和韵，并写册页以进。"④还有一些新进小臣，陪着皇帝写诗，颇得皇帝欢心，如张南华（鹏翀）就是一个。"上天纵多能，鹏翀诗才敏捷，每日宣召至再至三。词馆诸臣，艳称奇遇。"⑤

---

① 《御制诗初集》卷一六《江兰等各报雪泽情形》。
② 昭梿：《啸亭杂录》卷一《友爱昆仲》。
③ 《御制诗四集》卷五九《怀旧诗》。
④ 同上。
⑤ 余金：《熙朝新语》卷一〇。

乾隆诗作所以很多的原因之一，是有些诗不是他亲自写的，而由臣下代笔。有时候，兴之所至，口吟一二句，尚未完篇，便令侍监抄录，由词臣续成。也有的诗，臣下代笔后，经乾隆改定，或乾隆自己写的诗，交臣下修改。曾在军机处当过章京的著名诗人、历史学家赵翼就曾为皇帝捉刀撰文。赵翼说："寻常碑记之类，亦有命汪文端（汪由敦，军机大臣）具草者。文端以嘱余，余悉意结构，既成，文端又斟酌尽善。及进呈，御笔删改，往往有十数语只用一二语易之，转觉爽劲者，非亲见斧削之迹，不知圣学之真不可及也。"[①]赵翼说的是代写文章，写诗大概也有类似的情形，特别是逢年过节的应酬例作，不见得是皇帝的手笔。沈德潜死后，在徐述夔的文字狱案中受到牵连，被夺官爵、仆墓碑。据传，沈得罪的原因之一就是曾替乾隆写诗，而又把这些诗收进了自己的诗集，"迨归愚（沈德潜）殁殁，上命搜其遗诗读之，则已平时所乞捉刀者咸录焉，心窃恶之"[②]。对于封建时代的皇帝来说，并没有像现代知识分子那样的著作权观念，朝廷养活一批学士词臣，他们的任务之一就是要给皇帝草写谕旨诏诰以及诗赋文章。在学士词臣们看来，这是莫大的荣耀，皇帝也把别人代写的作品心安理得地视作自己的作品。不过，乾隆倒在事前做了声明，并不讳言请人捉刀。他当皇帝的初年，在《乐善堂全集》的序文中说："自今以后，虽有所著作，或出词臣之手，真赝各半。且朕亦不欲与文人学士争巧，

---

① 赵翼：《簷曝杂记》卷一《圣学一》。
② 《清朝野史大观》卷三《沈归愚诗狱》。

以贻后世之讥。"①

　　平心而论，乾隆的诗，历史的价值大大超过艺术价值。乾隆在位的时间长，亲理政事，"朕临御四十三年，事无巨细，必躬必亲"②。他的诗都是在政务之暇，纪事抒情而作。有的叙述某件史事，有的表现某些制度、政策，有的记录自己的行踪游迹，有的反映自己的思想观点与喜愠心情。而且许多诗附有详细的诗注或序文，或胪陈史实，或解释典故，或说明诗意。他的大量诗作，详细、具体而又形象地记录了一生的政治活动和思想感情，乾隆也把自己的诗看作生平的历史记录，所以说："拈吟终日不涉景，七字聊当注起居。"③他的篇幅浩瀚的诗集是研究当时历史和乾隆其人的绝好的史料，可供历史学家发掘、钻研和利用。

　　乾隆不像历史上大多数封建皇帝那样，深居高拱，不问外事，与世隔绝。他常年在外走动，江南塞北、盛京五台、东陵西陵、泰山嵩山，到处游历山川名胜，调查风俗民情，询问农事耕作，筹议河工水利，亲行围猎骑射，观察官方士习。他不仅接触了很多贵族官僚，也在一定程度上接触了普通老百姓。"常山翠华初驻旆，老幼瞻依夹道填"④"野老扶儿望六飞，停鞭问处话依依"⑤"老幼黎民日日添，马前舆后任

---

① 《御制文初集》卷九《乐善堂全集序》。
② 《东华录》(乾隆朝) 卷八八。
③ 《御制诗五集》卷六四《东甘涧》。
④ 《御制诗二集》卷二《赵州道中作》。
⑤ 《御制诗初集》卷一六《郊行》。

翘瞻"①，这是他诗中描写的皇帝出巡、群众围观的热烈场面。老百姓万人空巷，迎銮接驾，堵塞了街道，踩踏了农田，有时候，乾隆还和他们交谈问话。以这种方式接触群众、了解民情自然是很有限的，但处在那个时代，以乾隆那样的身份，不可能再超出这样的范围。由于他还知道一点下情民瘼，所以写出了一些颇有思想内容的好诗。如乾隆七年（1742），他在去易州西陵的途中，遇见一位从山东逃荒来的老人，孑然一身，无妻儿家室，佣佃度日，贫病交加。乾隆听了他的悲惨遭遇，写了如下的诗：

> 我闻凄然悲，所悲非野父。
> 曾记周诗云，君子民父母。
> 教养违其方，黎民失怙恃。
> 命医施针砭，或可离痛楚。
> 白金稠其窘，屋居免露处。
> 固知煦妪仁，所愧泽未薄。②

同年，他去遵化东陵的路上，又遇见一位贫穷老农，在交纳了赋税地租之后，已罄无所有，不能维持生活。他写诗道：

> 路旁一农父，倚杖愁默默。
> ……

---

① 《御制诗五集》卷三《过仰化集》。
② 《御制诗初集》卷八《路旁》。

> 租吏下乡来，款接完赋额。
> 吏去业主来，逋欠坐求责。
> 吾农三时劳，曾无一日适。
> 我闻凄然悲，执政无良划。
> 罔民焉可为，恒产究安则。
> 翁其善保躯，展转增叹息。①

乾隆二十七年（1762），南巡至浙江，他目睹了盐工灶户的辛勤劳动，体会到盐商对盐工的剥削，他写诗道：

> 苇庐灶户日煎盐，辛苦蝇头觅润沾。
> 嘘燧胼胝耐燥湿，厚资原是富商兼。②

当然，作为最高统治者的乾隆，他的思想、愿望、政策、行动都要全力维护封建阶级的利益，像这类咏叹民间疾苦的诗章只占很少数。但他毕竟了解到一点群众的艰辛生活，劳动人民水深火热的处境曾拨动过他的心弦，他写过这样一首诗：

> 老农炙背耘田苗，汗湿田土如流膏。
> 广庭挥扇犹嫌暑，彼何为兮独不苦。
> 独不苦兮无奈何，未见应比见者多。

---

① 《御制诗初集》卷一一《石门驿》。
② 《御制诗三集》卷二一《塘上》。

农兮农兮良苦辛,惭愧身为玉食人。①

一个封建皇帝,能写出这样的诗句,就算难能可贵的了。

乾隆所写另一类重要的诗是有关战争的诗,对历史研究很有价值。乾隆朝有"十全武功"(两征准噶尔、两征金川、两征廓尔喀以及征回疆、台湾、缅甸、安南之役),还有不计入"十全武功"的多次战争(乌什、王伦、苏四十三、田五、苗疆、川楚白莲教)。每一次军事行动都留下许多诗和诗注,相当完整地、详细地反映了战争的全过程和乾隆的决策、指挥。后来,曾把有关"十全武功"的诗文汇编为《御制诗文十全集》,共五十四卷,包括文十一卷、四十四篇;诗四十二卷、一千五百二十首。这些诗大多取材于前线的奏折军报,可与实录、方略、档案相印证,也有一些是听了从战场返回的将领侍卫们的口述,是文书中所没有的。诗中叙述了战争的起因、发展和战斗细节,透露了作战中的困难、失误,乾隆个人对战局的估计、判断以及随着战争的胜负或喜悦、或焦急的心情。例如,平定准噶尔的战争,时间拖得很长,局势屡变,时胜时败,前线将领不很得力,几次临阵易帅。乾隆在诗中自怨自艾:

西陲方荡平,卒未得休师。
勤远非初意,三年乃建兹。

---

① 《御制诗初集》卷九《耘田者》。

设能先执领，安用屡移棋。
事顺乏人干，乏人责在谁。①

又如，征缅甸之役，作战于炎暑瘴疠之地，屡遭挫折，劳师糜饷，损兵折将，乾隆不得不承认自己的失策：

一时思靖缅，讵日非兵佳。
二字蹈轻敌，况复失徘徊。②

又如，在镇压甘肃回民起义时，起义军已被重重围困，断绝水源，势穷力竭，但仍英勇作战，宁死不降，使得乾隆很感惊讶，在诗中呼为"大奇事"：

贼首虽阵斩，余党十遗四。
乃竟弗出降，死守华林寺。
釜底困犹斗，延廿日弗溃。
邪教固人心，亦诚大奇事。
筑栅近逼之，火攻下策试。
纵拼命跳踉，围戮无噍类。③

再如平定金川以后，清政府为加强对该地的统治，撤销

---

① 《御制诗二集》卷七五《西陲》。
② 《御制诗三集》卷一二《数诗再效鲍照体》。
③ 《御制诗四集》卷八四《阿桂奏报净剿番剿回信至诗以志事》。

土司，改设流官，驻兵屯田，恢复农业生产，取得一定效果。乾隆的诗中反映了这一政策措施：

险疆费力始平之，不合仍将俾土司。
戍卒轮班拨近地，降番散处垦荒陂。
已看树艺欣作息，即寓屯耕相制维。
永敉蛮方靖兵火，由来万事在人为。①

山东王伦起义后二年，他路过临清，详询了战斗情形，亲历了战场，作长诗《临清歌》，原原本本地记述了这一事件的全过程。乾隆晚年，传位给嘉庆，自己当了太上皇，而干戈迭起，湖南、贵州爆发了苗民起义，湖北、四川、河南、陕西爆发了白莲教起义，战火日益蔓延，难以遏制。乾隆晚年写的许多诗篇表现了惶惶不安的焦急心情：

忽忆捷章仍未到，片时那得获心宁。
湖北川东兵未消，执凶盼捷正无聊。②

外靖内安思昔咏，歼苗平楚致今忙。
依然书屋凭窗坐，惭愧人称太上皇。③

---

① 《御制诗四集》卷三九《明亮等奏新疆事宜诗以志慰》。
② 《御制诗余集》卷一三《汪新、英善各报麦收分数》。
③ 同上书，卷四《旧衙门行宫即景》。

嘉庆四年（1799）正月初二日，一生写了四万多首诗的最多产的诗人乾隆年已八十八岁，正在病中，写了最后一首诗，念念不忘前线军情，埋怨将士作战不力，盼望擒获义军领袖。诗中说：

> 三年师旅开，实数不应猜。
> 邪教轻由误，官军剿复该。
> 领兵数观望，残赤不胜灾。
> 执讯迅获丑，都同逆首来。①

这首诗的注文说："现在已届新正，惟冀喜音迅递，将各路著名匪犯悉数生擒，接踵而至，即可计日蒇功，盼望尤为殷切。"过了两天，即嘉庆四年正月初四日乾隆逝世。嘉庆帝为太上皇诗集作跋写道："己未正月二日，力疾成望捷之诗，孰意此章，竟为绝笔。"②这位文治武功赫赫不可一世的大皇帝，始终没有见到这场震撼清朝统治的农民起义的平息，他带着未了的心愿，饮恨而终。

乾隆写诗的另一重要题材是农业生产。这类篇章，数量之多，难以计算。

> 遍野青青秋麦萌，扶犁亦见有新耕。

---

① 《御制诗余集》卷二《望捷》。
② 《嘉庆跋乾隆御制诗文余集》。

斯吾第一关心处，岂是寻花问柳行。①

看耕端似胜看花，那觉鸣鞭十里遐。
吩咐长官恤民隐，乏籽种者不妨赊。②

这都是他在路上察看农情的诗作。封建的中国，以农立国。每年雨泽的调和、耕作的勤惰、收成的丰歉，直接影响着人民生活、财政盈亏和政治稳定。作为最高统治者的乾隆，从长远的利益出发，对农事十分关切。为了重农劝耕，每年春天要祭社稷、耕耤田。又在中南海的丰泽园、圆明园的北远山庄开辟农田，试种作物，以验证农事。北海新建了蚕坛，清漪园旁立碑镌刻耕织图。各省都要向朝廷及时上报雨泽、收成、粮价。乾隆说："朕于各省雪雨情形，民食攸关，无时不为缱念。偶或奏报少迟，当即驰旨询问，令该督抚据实复奏。凡有奏到之折，多有即为题什，以志慰幸者。"③正是"无刻弗因农系念，抚时惟觉岁关心"④。当春季天旱时，他常常带着皇子和大臣们跑到西北郊黑龙潭去求雨。他的诗中说：

较晴量雨卅九岁，较量每先稿夫旱。
微缺雨即虑成旱，略连霖豫恐致潦。

① 《御制诗三集》卷九五《齐河道中作》。
② 《御制诗三集》卷二《马上见耕者》。
③ 《御制诗五集》卷八八《批折》。
④ 同上书，卷九一《夜雨》。

初时犹弗觉太甚，年复一年首忽皓。①

有时久旱不雨，他诗篇中明显地表现出焦急不安的心情：

人穷反本呼天吁，旱甚因谁责己知。②

计穷力已竭，敢虔举大雩。
彻悬屏丝竹，减膳用菜蔬。
思过冀回天，返躬唯责吾。③

在他的一篇诗注中还说："每日宫中在上帝及龙神各处拈香拜祷，几于坐卧不宁。"④

有时久旱逢雨，他又十分高兴，兴致勃勃地吟诗志喜：

弥月甘膏已觉稽，晚来云重雨凄凄。
通宵喜听波声注，诘晓才看霁色夷。
何处非民非赤子，即今惠我惠青齐。
京畿一带齐沾否，驿旅誊章此忴傒。⑤

昨朝几番雨而晴，四鼓檐前复注声。

---

① 同上书，卷一〇《较晴量雨》。
② 《御制诗二集》卷八六《躬举大雩祈雨》。
③ 同上。
④ 《御制诗五集》卷八七《书麟、孙士毅、勒保各报春月雨雪情形》。
⑤ 《御制诗三集》卷三七《舟中夜雨》。

已喜作泥跋山路,更思透壤报都京。
遥瞻云聚西南势,切望心驰滂沛情。
渐北田功渐加美,日欣日盼寸心萦。①

乾隆十二年(1747)春,他检阅近期内的诗作,发现其中很多是求雨写的诗。他说:"正月望雪,继望雨,二月十五以后雨而少慰。三月十五前后复望雨,下旬至四月初,雨足而大慰。四月十五后复少,望雨,十九日雨而复慰。凡此皆有诗,至今则又复望雨云。"②这类作品,充满在乾隆的诗集中,正是"壁多望雨盼晴什,复有忧霖盼霁诗"③,"晴久则盼雨,雨多则盼晴,农事关怀,无时可以自释"④。如果把他诗集中望雨盼晴的诗收集在一起,可以相当完整地显示出乾隆一朝晴霁阴雨、气候变迁的情况。

乾隆诗集中还有很多记述各地收成和赈灾救荒的诗篇。每年各省申报夏收、秋收的成数,他几乎都要写诗。如乾隆五十三年(1788),江苏和安徽奏报收成。他写诗说:

两江各报收成数,上乃七分下九分
(上指安徽,下指江苏)。
近北因教潦水被,远南欣得稔秋闻。
界邻幸可通融济,转壑实无饥馑纷。

---

① 《御制诗五集》卷九《雨》。
② 《御制诗初集》卷四一《偶阅今年诗稿率题》。
③ 《御制诗三集》卷五八《寝殿粘壁诗,即目兴怀》。
④ 《御制诗五集》卷九一《创得斋》。

仍恐向隅有独叹，缓征谕吏抚绥勤。①

乾隆帝对赈济灾荒，态度很积极。他懂得：要使统治稳定，必须维持人民起码的衣食，"不饥自鲜盗，村村乐宁谧"②，一场严重的自然灾荒必定会带来社会动荡。所以，一有灾荒，他立即派遣官吏，发帑运粮，办理赈务，不稍吝惜。后人评论说"纯皇（即乾隆）忧勤稼穑，体恤苍黎，每岁分命大吏，报其水旱，无不见于翰墨，地方偶有偏灾，即命开启仓廪，蠲免租税，六十年如一日"③。他写的大量赈灾诗都是告诫官吏，要体恤民情，尽心赈事，不可匿灾不报，不可侵吞赈银。如乾隆二十八年（1763），山东水灾，甘肃干旱。乾隆令两省官吏办赈，写诗说：

十行宽大讵虚谈，实政应教惠泽覃。
东廑低田涔齐鲁，西忧瘠土旱凉甘。
贫分极次为赒赈，令饬抚藩慎再三。
恩戒侵渔须遍逮，春来胥俾力农蚕。④

乾隆还经常在诗中就各种问题提出看法，发表议论，阐述自己的哲学思想和历史观点。作为一个深受礼教熏染的封建皇帝，他服膺儒家学说，崇奉程朱理学，有很多陈腐的、

---

① 同上书，卷四二《上下江巡抚各报收成分数》。
② 《御制诗三集》卷四二《出哨》。
③ 昭梿：《啸亭杂录》卷一〇《纯皇爱民》。
④ 《御制诗三集》卷三五《降旨加赈山东甘肃去岁偏灾州县》。

唯心主义的说教。如说：

> 天理与人欲，只争一线多。
> 出此入乎彼，为学戒蹉跎。①

这是掇拾理学家"存天理，灭人欲"的牙慧，把为学看成只是自身的修养功夫。又如：

> 万事及万物，无不由心者。
> 心为一切本，则皆心写也。②

他把"心"看作一切事物的根本，是典型的唯心主义思想。

尽管在乾隆思想中，封建的糟粕不少，但也有一些积极合理的因素。例如，他强调实践，强调"行"的重要性。他说：

> 襄余佩古训，治理颇能言。
> 行之扞格多，乃悟实践难。③

> 知得一尺时，不如行一寸。④

基于这一思想，他施政读书都很重视实地的调查考察。

---

① 《御制诗初集》卷八《读朱子诗》。
② 《御制诗三集》卷三八《写心精舍》。
③ 《御制诗初集》卷八《古风》。
④ 同上书，卷八《读朱子诗》。

为了治理黄河，他几次亲临阅视，指示河工措施，并派人勘探黄河源，亲自撰写河源的考证。为了修筑浙江海塘，他几次南巡至浙，第一站即赴海宁，勘视塘坝工程。他遇事爱动脑筋，不肯人云亦云。即使是孔孟程朱的话，乾隆也要提出一些颇有见地的疑问和反驳。例如，《诗经》中有"泾以渭浊"之句，照字面讲，应是泾水本清，因渭水而浊，可是朱熹注《诗经》，却称"渭清泾浊"。乾隆怀疑注文有误，命陕西巡抚秦承恩亲至泾、渭二水考察，果然是泾水清、渭水浊，改正了朱熹的错误。又如，朱熹注诗，认为虹是"天地之淫气"。乾隆大不以为然，他在《月令七十二候诗》中加以反驳："天地缘何淫气行，晦翁（即朱熹）此语我疑生"，"朱子集传乃以虹为天地之淫气，殊害于理。夫虹乃日光雨气相薄而成，并无淫义"[1]。显然，朱熹之说，穿凿附会，而乾隆的说法是合乎科学道理的。乾隆不但敢于驳斥朱熹，甚至敢于怀疑和驳斥孔孟。《论语》中记载："子曰：'甚矣吾衰也！久矣吾不复梦见周公。'"乾隆对此表示怀疑，他认为：人不可能梦见另一个从未见到过的人，所以人不能梦见自己的远祖。孔子怎能梦见几百年以前的周公呢？乾隆说："夫子未识周公形容，何从见诸梦寐？怪力乱神，子所不语，岂肯为此无稽之说乎？"[2] 这一反驳也是颇有道理的。至于反驳孟子的就更多了，孟子见梁惠王，劈头第一句话就训斥王"何必曰利"。乾隆在诗注中说：利有"公利""私利"，"公利"

---

[1] 《御制诗四集》卷五七《月令七十二候诗》。
[2] 《御制诗三集》卷三六《谒元圣祠》。

为什么不能讲呢？"利在乾元五德之中，古圣所言，岂可去其一而不用？"①虽然乾隆以天子之尊，说话可以无所顾虑，但在儒学盛行的当时，敢于反驳孔、孟、朱熹，也是要点胆量和见识的。

乾隆喜爱读历史，写过很多史论。他时常用历史教育皇子和大臣们。乾隆四十三年（1778），他用三个月时间写成一套以历史为题材的组诗，多达一百零六首。洋洋洒洒，上下古今，蔚为大观，名为《全韵诗》。按照四声的一百零六韵，每韵写诗一首，上平、下平声共三十韵，作诗三十首，写清朝兴起和发展的历史，一唱三叹，歌颂赞美；上、去、入三声共七十六韵，作诗七十六首，写上古以迄明亡的历史，缕述前代帝王的功罪得失，遍加评述或褒或贬。"是诗也，历代兴废之大端，略见于此。而我皇朝之良法美政，亦毕述梗概。"②此外，乾隆还写了很多读史吊古的诗篇，歌咏、评论了很多历史人物、历史事件，从这些诗中可以了解他的历史观点。

除了上述以外，乾隆还有和宫室大臣们的联句，或给他们的赠诗。联句多以政事为题，原原本本地叙述某一历史事件的始末，赠诗则表现了君臣之间的相互关系。有大量的游览作品，抒写山川名胜，反映江南塞北的各种风光；有歌咏亭台楼阁、离宫别苑的诗，对于研究古建筑和园林建置很有价值；有治理黄、淮、运河的诗，可以窥见当时的自然灾害

---

① 《御制诗五集》卷四五《西直门外作》。
② 《御制诗四集》卷四七《全韵诗序》。

和水利工程；有欣赏音乐戏曲、描写骑射冰嬉的诗，反映当时的艺术活动和体育风尚；有品评书画、鉴赏文玩、题写版本刻石的诗，显示了皇家的丰富藏品和乾隆帝个人的爱好和文化素养；还有记载他自己的日常生活，听政、批折、召见、祭祀、读书、作画、写字、行围。总之，乾隆，作为中国有史以来最多产的一位诗人，留下了宏富众多的诗篇，艺术性虽然不高，但与时政密切相关，多写实之作，表现的方面很广泛，内容丰富，有重要的历史价值。他的诗，对于研究我国 18 世纪的历史和乾隆一生的活动、思想都是不可缺少的珍贵资料，可以补充官书、档案之不足。

衰落前的顶峰

——康乾雍盛世

一、中国在康雍乾时期的成就

康熙、雍正、乾隆三个皇帝，共统治中国一百三十四年。康熙在位六十一年，雍正在位十三年，乾隆在位六十年。这在中国历史上是个非常繁荣的时期，政治安定，中原地区没有大的战事，经济发展迅速，老百姓的生活比较宽裕，史称康雍乾盛世。在中国几千年的历史中，盛世并不多见，可以称得上"盛世"的大概有三个时期：第一个是西汉"文景之治"到汉武帝、昭帝、宣帝统治的时期，大约在公元前一百七十九年到公元前四十九年之间，约一百三十年；第二个为唐太宗"贞观之治"到唐玄宗开元年间，一百二十多年；第三个盛世就是清朝的康雍乾盛世，从康熙元年到乾隆六十年，长达一百三十四年。这三个盛世的共同特点是国家统一，中原内部战事较少，社会安定。比较这三个盛世，传统的观点认为汉、唐比较繁荣，但我个人认为，康雍乾时期的繁荣程度超过了汉唐盛世。为什么这样说呢？

首先，从农业方面来看。中国很少统计数字，但从人口数字上可以看出，但凡盛世，人口就不断地增加。汉朝盛世，人口最高峰是六千万人。唐朝盛世，大家比较认同的人口数字是八千万。康雍乾时期，到了乾隆时中国人口将近三亿，远远超过汉朝、唐朝的人口数。到道光年间，中国有四亿人口。从道光到近代，人口没有什么增加，当时我们是四万万同胞，到新中国成立前也还是这个数。人口增加是盛世的一个重要标志，因为人口的增加意味着粮食产量的增长。中国的封建社会是农业社会，以农业生产为主，产粮多寡是衡量繁荣与否的重要标准。乾隆时生产的粮食能够养活三亿人，而汉朝能够养活最多六千万人，唐朝能够养活八千万人。可见，从农业发达程度上看，乾隆时期的成就远远超过汉、唐。以上是从纵向来比较的。下面再从横向上将中国与当时世界上其他国家的情况做比较。当时世界上有九亿人口，中国养活了三亿，相当于全球人口的三分之一。其余六亿分布在亚洲、欧洲、美洲、非洲、澳洲的几十个国家，除了印度、俄罗斯、奥斯曼这三个大国，大部分是中小国家。俄罗斯虽然刚刚侵占了辽阔的西伯利亚，但那却是个人烟稀少的地方。印度当时也仅有一亿四千万人口，远远比不上中国。再看看其他中小国家，英国当时人口两千八百万，连中国的十分之一都不到。美洲人口就更少了，大多是欧洲的移民。当时中国农业生产水平是世界最先进的。18世纪末，英国一位农业科学家随马戛尔尼使团到中国考察发现，在中国种下一粒麦种可以收获十五粒麦子，而在英国只能收获十粒麦子。农业技术发达、农业品种多样化以及农业产量高，使中国农业成为近代农业出现以前较先进、较发达的农业。

其次，从工业方面来看。康雍乾盛世的工业水平很发达，对外出口丝绸、瓷器、茶叶。苏州、杭州、南京、广州的丝织业很发达，民间有很多织机。19世纪初也就是乾隆以后，南京最大的织铺拥有五六百台机器、一两千名工人。以当时的工业发展水平来看，拥有这么多台机器是很了不起的事情了。另外，丝绸、土布、瓷器贸易非常兴旺。重工业方面，煤矿业和铜、铁工业都很发达，当时世界上其他地方都没有中国那么多的煤、铁和铜，云南的采铜工人有几十万之多。哪个国家当时有这样大的规模？根据保罗·肯尼迪《大国的兴衰》一书所说，1750年中国的工业产量占世界总产量的百分之三十二，而整个欧洲仅占百分之二十三。中国当时是个封建国家，但也和外国进行贸易，特别是广州。当年清朝一口通商，允许外国人在广州做买卖，外国人到广州来住在十三行，出售货物，卖的大多是原材料。中国一年的国内贸易量有四亿两白银。而1792年，当时的世界大国英国，海外贸易总值也只有一亿七千万两，还不到中国国内贸易量的一半。康熙时，全世界超出五十万人口的大城市有十个，中国占了六个，分别是北京、扬州、苏州、南京、杭州、广州，还有其他四个是伦敦、巴黎、江户和伊斯坦布尔。可见，中国当时不但是盛世，而且经济发达程度在世界范围内也是位居前列的。这一百多年，中国是世界上经济实力最强大的国家。

最后，从政治上取得的成就来看。康雍乾时期，最突出的成就就是巩固了中国的统一，形成了统一的多民族大家庭。这是非常了不起的贡献！今天中国九百六十多万平方千米的土地、五十多个民族，基本上就是在那时候形成的。康熙之前，中国四分五裂，经过长期战争，满族人取得胜利，统治了北京，控制了全国大部分地区。但南北各方势力被镇下去以后，"三藩之乱"又起，占据了整个长江以南，各地方都响应吴三桂，四川、甘肃、长江以南都是他的地盘。这个时候很危险。后来，"三藩之乱"终于平息了。台湾方面，自郑成功收复台湾后，台湾就由他的后人统治着，不臣服于清朝政府。北方的问题主要在蒙古。当时蒙古包括三部分：一是漠北蒙古，即现在的蒙古人民共和国；一是漠南蒙古，即现在的内蒙古自治区；还有一部分是漠西蒙古，以新疆伊犁为根据地。漠西蒙古的势力最为强大，把外蒙古全部打了下来，控制了青海、西藏和新疆南部地区，向东一直打到黑龙江呼伦贝尔草原一带。由于西藏与它们宗教相通，达赖喇嘛也跟它们的领袖噶尔丹勾结。当时，漠西蒙古的势力非常强，其控制的地方之大超过了清朝的统治范围，连今哈萨克斯坦都在其控制之下。这就是清军入关到康熙前期中国的情形。康熙打了十年战争，才基本统一了江南，平定了三藩，统一了台湾。南方刚刚平定，北方局势又变得紧张起来，俄罗斯侵入黑龙江，占领大片土地，大肆屠杀当地的居民。康熙立即把战略重点转移到北方，集中兵力，经过两次战争，把俄罗斯驱逐出去。俄罗斯军队规模较小，因为从他们那边过来要走一两年。莫斯科派来一个使团,足足走了三年。后来,中国军队开始让俘虏或传教士带信回去给沙皇,表示中国愿意谈判。俄国西境当时也有不少战事,打不起东边的战争,所以同意派个使团来和谈。1689年,中俄双方在尼布楚进行谈判,划清了中俄东段边界,从此中国东部边界保持了一百多年的稳定,直到第二次鸦片战争爆发,俄国毁约,把这里的一部分中国国土抢走。这部分中国国土面积相当于法国和德国的土地面积。康熙、雍正、乾隆三代皇帝用了七八十年时间打败准噶尔部,进入伊犁,收服了南疆。所以,清朝在政治上最大的贡献,在于把西北,包括西藏、新疆、青海、蒙古稳定下来。这些地区在明朝的时候,都游离在外。这场持久的统一战争意义非常大。一百多年后,帝国主义入侵中国,我们不分民族,全国抗击,台湾抗日、东北抗日、新疆抗英、云南抗法……正是这一百多年的整合时间,形成了中华民族的凝聚力量。没有这一百多年的统一,近代中国会走向何方,不堪设想。是康熙、雍正、乾隆奠定了今日中国的版图,这是他们留给我们的珍贵遗产。

二、康雍乾时期的政策

为什么会出现康雍乾盛世?大概有几点原因:

第一,安定的社会环境。明末清初长期战乱,经济萧条,生灵涂炭,人口大量减少,土地荒芜,生产力低落,人心思治。康熙平定"三藩之乱"后,国内几十年没有大的战事,国家安定、天下太平。这是经济发展的前提。没有长期安定的局面,经济是不可能发展的。

第二，频繁的对外交流。虽然官方不愿与外国进行交流，但对外交流的形势是无法阻挡的。这种交流对中国有什么影响呢？高产作物得以在中国大面积种植。美洲的高产农作物白薯、玉米、花生是中国以前没有的，它们本是美洲的产物，在哥伦布发现新大陆后得以推广，明朝时传入中国，大面积种植则出现在清朝。康雍乾三位皇帝积极推广这些作物的种植，因为它们具有很多优势：一是产量大，种小麦一亩收成有一二百斤，种白薯一亩收成能有几百斤甚至上千斤；二是耐干旱，不用浇水；三是生命力强，在什么土壤环境下都能种植。这些国外农作物品种在中国的推广，促进了中国生产力的发展。17 至 18 世纪，世界贸易大潮已经展开，中国被卷入其中，大家都抢着跟中国做生意。中国出口丝绸、丝织品、茶叶等丰富的物品。茶叶是 18 世纪中国最主要的出口产品，当时英国人吃早点都习惯喝茶，所以中国茶叶销量非常大，出口额居世界第一位。外国当时因为工业生产水平不高，可以出口到中国来的东西不多。所以，它们大量向中国输入白银，换回丝、茶、瓷器等。由于中国出口产品数量很大，据史料统计，1600 年以后二百年期间，全世界生产白银十二万吨，有三分之一即四万吨流向中国。大量白银输入中国，促进了中国国内的贸易，当时中国国内外贸易比唐、宋、元、明时期繁荣得多，货币量的增加是个很重要的原因。

第三，发达的农业生产。清朝统治者比较顺应时势，不像元朝统治者那样，取得统治地位以后企图把整个中国都变成牧场。满族入关后积极学习汉族文化，采取了一系列有利于社会经济发展的措施。

一是奖励垦荒。明末清初，人口剧减、土地抛荒。明朝的藩王原本占据大量土地，他们在清人入关时跑的跑、死的死，致使土地大量抛荒。清朝政府规定，谁去开垦这些荒地，地就分给谁。而且努力为农民垦荒创造良好条件，没有种子的给种子，没有耕牛的借耕牛，没有房子居住的可以帮他们盖房子，还给予十分优惠的减免税政策。这等于是一次土地改革，对农业发展非常有利，使农业生产取得了很大发展。

二是兴修水利。这恐怕在历史上也是很少见的。之前的水利主要是为了防火，历代统治者对于黄河、淮河、运河的治理基本不太重视。康熙年轻时，把三件事写在宫里的柱子上：第一是平三藩，第二是治黄河，第三是通漕运。当时北京官多、兵多、人口多，这些人吃什么是个大问题。而北方产粮不多，又没有河道运送，粮食很难运来，要求从南方经过运河向北京运送粮食。漕运不通，就会导致北京的恐慌，所以通漕运是件大事。治黄河更是大事，黄河经常泛滥。河南、安徽、江苏等产粮地区，黄河经常决口，发生水灾，到处水乡泽国，人民受害严重。清朝视治黄河为大政，花大批帑银，整治水利，筑堤浚河，赈济灾民，以缓和水灾，增加生产。

三是重视农业。现在中国第一历史档案馆保存着当年的粮食条子。当时规定每个县经常要上报当地的降水和粮价情况，还要区别粮食的等级，包括上档多少钱、中档多少钱、低档多少钱，这些上报材料就是粮食条子。现在这些粮食条子堆积如山。这些资料很宝贵，因为如此一来，各地气象和粮价一目了然，哪个地方下雨，哪个地方没下雨，都可以知道。

四是移民。中原地区地少人多，政府主张向边疆地区移民。当时的移民呈由中央向四周辐射之状：河北、山东向东北，山西、陕西向内蒙古，甘肃、四川向新疆，湖南、湖北向云贵地区，福建、广东向台湾。清初，边疆地区很多是游牧地区或荒漠地区，后来经过大规模移民，经济结构发生了变化，成为半农半牧。

五是改革赋税。中国农业社会的赋税历来由地税和丁税组成。地税就是按照土地多少缴税，丁税即人头税，即按人口数量计税。清朝推行赋税制度改革，实行地丁合一，按照土地面积来计税，实际上是取消了人头税。这对于老百姓尤其是穷人家十分有利，因为穷人家人多地少或无地，富人家人少地多就要多缴税。这对穷人、对国家长远利益来说是有利的。另外，康雍乾时期经常减免税赋，康熙年间减免了农业税几千万两。乾隆当了六十年皇帝，十年在全国范围免一次税，大概有六年不征税。他虽不征税，但国库里的钱有七八千万两之多，顶得上两年的财政收入。当时乾隆觉得国库里的钱太多，担心没用处。当时还没有大规模工业可以投资，后来就用来造园林，避暑山庄、圆明园就是在那时兴建的。

第四，成功的民族政策。清朝统一了全国，但满族本身是少数民族，了解少数民族的心态和意愿，所以他们积极团结各族人民，包括汉族，这是一个很了不起的政策。清朝的时候，长城失去了功能。长城原本具有防御游牧民族入侵的作用，但是中国几千年历史上，汉朝时匈奴打进来，宋朝时女真打进来，明朝时蒙古族、满族打进来，北方少数民族一往南进入中原地区，天下就大乱。清朝统治者则认为，他们不需要长城，人心即长城。他们通过笼络少数民族的人心来维护安定，并设立理藩院专门管理少数民族事务，使中国的民族融合得以加快。从康雍乾时期开始，中国各民族进入了一个和睦相处的时期，逐渐形成了一个民族大家庭。清朝和汉唐对于少数民族的管理方式不一样。汉唐在边境设立都护府，但这是临时的军事统治，发挥作用的时间比较短暂，盛世一过，管理便难以为继。清朝则不同，政府因地制宜，在各地设立不同的民政机构，东北、新疆实行将军制，蒙古实行盟旗制，西藏采取驻藏大臣与达赖喇嘛共同治理的方法，西南的云南、贵州、四川等地实行改土归流。当时西南各地由土司治理，中央难以管理，无法任用地方官，实际上处于割据状态。清政府通过改土归流，废除土司制，设流官制。流官由中央任免，从而可以贯彻中央的号令，改进了管理，增强了民族凝聚力。

三、盛世中的阴影

上面，我简单地讲了康雍乾盛世的成就，但这个盛世中存在着阴影，制约着我国走向现代化。

第一个制约因素是农民的贫困问题。中国是个世界大国，土地广阔、人口众多，工农业总值超过世界各国，但人口基数太大，人均资源相对不足。当时中国人均拥有三点五亩地，英国则是人均十亩地。人均粮食少意味着农民贫困，没有力量购买工业品，从而难以形成发达的市场贸易。中国的市场虽有四亿两白银的贸易交往，但由于贫困，很多农民卖粮所得不是用来买东西，而是用来缴地租，这在很大程度上制约了中国市场贸易的发展，这在中国的皇权体制下是很难改变的。

第二个制约因素是高度集权的封建专制体制。中国高度集权的封建专制体制历史悠久，根深蒂固，到康雍乾时期更是变本加厉。这和中国版图广阔、地区经济发展不平衡及多民族的文化传统有关。组成这个广阔版图的各个地区具有各不相同的意志，这个系统需要中央的统一管理。中央下的命令，地方不执行怎么办？因此需要加强中央的权力，否则就控制不住地方。康雍乾时期实行高度专制的集权政治，这和大众参与政治是背道而驰的，是不能适应现代社会需要的，成为中国走上现代化的一个重要阻碍。而且在经济发展、社会财富增加的情况下，权力高度集中，缺少制约，缺少法治很容易导致权钱交易的腐败现象。所以乾隆时期腐败现象十分严重，和珅就是一个典型例子。乾隆惩治贪污的决心很大，每年都要杀掉好几个省级官员，甘肃有一年杀掉县以上官员五十几个人，包括总督、巡抚、藩司、臬司、知府、知县，还有五十几个人充军。大家都知道清朝的官员很少，一个省没几个官，就设一个巡抚，相当于今天的省长，不设副省长；一个县就设一个知县，不设副知县。甘肃一个小省，杀了这么多人，惩治力度这么大，还是刹不住这种风气。

第三个制约因素是重农轻工商的思想。各级官员不给工商业足够的发展空间。很多行业都由政府控制，不让经营，只有经过政府批准的商人才能做生意。广州十三行需要政府批准才能进行进出口贸易。商人做生意得到的利润要给政府，缴多少钱没封顶，反正皇上要用钱你就得给。不让开矿，怕矿工聚众闹事。当时全世界各国都兴起重商潮流，鼓励工业制造，鼓励商业贸易，鼓励海外贸易，而中国却还在一味重农，造成农业生产力强，工商业却发展不够。

第四个制约因素是清朝的闭关政策。康雍乾时期，闭关政策尤其严格。康熙时候是四口通商，到乾隆时，只有一口通商，仅允许在广州和外国做生意。当时有英国商人不满广州海关严重的腐败状况，要求乾隆开放宁波、厦门。乾隆也考虑采纳这个建议，召集这三个地方的官员共同商议。结果广东官员因为担心广州的商户跑到宁波、厦门做生意而反对开放，厦门官员则因为担心外国人闹事而不同意开放，这个案子就此了结，闭关政策变本加厉。当时中国跟外国贸易数量越来越大，许多外国商人在中国特别是在广州建立商馆。清朝政府制定了很多规定，以防止外敌势力。中国人办企业、搞贸易，限制也非常严格：船不能太大，许多工具规定不能带，连做饭用的铁锅也不能带，只能带砂锅，而且规定到了国外两年之内必须回来。当时，商人很难控制自己的归期，因为出去以后是否顺风，是否会碰到恶劣气候，船只能否正常航行都是难以预料的。有个印尼华侨出去了二十年，有了钱带着家小回福州，一回来就被捉住充军到边疆，罪名是"滞留海外，目为夷役"。他们没有看到世界，只看到中国，认为中国是天下的中心，中国文明世界上无国能比。这种大国心态非常危险，以至于整个国家都处于封闭状态，没有外国书籍，没人懂英文，连知识分子都不知道英国在什么地方。乾隆年间英国派来马戛尔尼使团，要求与中国通商。这个使团非常庞大，有七百人之多，坐了六艘大船前来，装了六百箱礼物送给乾隆，其中很多是欧洲最先进的科学仪器。最大的一个是天文仪器，模拟天体运行，是当时最先进的天文仪器。乾隆一看这些东西，就睁着眼睛说瞎话，说我们中国也会造，英国人也没什么神奇的，就是这种自欺欺人、盛气凌人的态度，使他失去了放眼看世界的机会。尽管当时马戛尔尼确实提出了一些侵略性要求，但也提出了一些合理要求。比如认为一口通商很不方便，建议把通商口岸设在宁波、上海。因为当时中国大量出口的茶叶是在安徽、浙江一带生产的，但所有茶叶都要到广州才能出口，茶叶从安徽运到广州，路程相当遥远，的确很不方便，英国人这个建议也有一定道理。但乾隆皇帝看不到这一点，仅仅因为对方不给自己磕头这一礼节问题而把人赶走，把谈判的大门关上了，也使中国失去了了解世界的一次大好机遇，非常可惜。如果当时乾隆通过跟马戛尔尼谈判了解西方的情况，中国大概可以有一点进步，长一点知识，也不至于什么也不知道，所以开放是非常必要、非常重要的。

第五个制约因素是科技的落后。中国古代科技还是非常发达的，但由于长期实行科举制度和学习儒家礼教，导致了后来的落后。康熙、雍正时期，特别是雍正时期，全世界科学发展突飞猛进，西方的科学风气尤其浓厚，不仅设立了皇家学院，还设立了俱乐部，以提倡自然科学，而中国知识分子还在念四书五经，还在考科举、写八股文，还不知自然科学为何物。这种科技方面的落后，成为中国发展的重大障碍。

我们刚才所讲的康雍乾时代，成就是非常辉煌的，但是辉煌的掩盖下还有着其阴暗的一面。当时世界处于迅速的发展中。乾隆时，英国发生工业革命，蒸汽机的发明使人类摆脱了对自然能源的依赖，工厂制度的产生推进了大工业生产的发展，使生产力突飞猛进。随着新的生产力的产生，欧洲一些启蒙思想家也相继涌现，如卢梭、狄德罗、孟德斯鸠等。18世纪末，即乾隆五十四年（1789），法国发生了大革命。美国则通过独立战争建国。这个时候世界变化极大，而中国故步自封，不改革、不开放，造成了自身的落后。尽管此时中国的生产总量仍走在世界的前列，但其发展缺乏后劲。一个国家从传统的封建社会步入现代社会，是工业、农业、贸易、文化、政治等各个领域相互促进的结果。康雍乾时期已有一些近代的因素，但也有很多落后因素，只有改变这些落后的东西，对制度、观念等进行大幅度改革，才能解放生产力。现在看来，主要就是这样一个问题。当时中国社会还没有形成改变这种旧观念、旧制度的物质基础，没有形成城市的中等阶级，在这些条件还没有充分成熟的情况下，任何问题都无法解决。当时人们眼界不宽广，没有意识到这些落后的因素，因此无法产生进一步改革的思想和充沛的改革热情。经济的发展需要上层建筑的改变来促进，上层建筑停滞不前，经济发展就会出现问题。历史是无情的，一旦在近代化道路的起跑点上落后别人一步，就步步落后，不仅失去了时间，还失去了很多机遇，失去了实现近代化的有利条件。其他先行实现近代化的国家有些开始侵略中国。日本和中国的起步时间差不多，日本明治维新在1868年开始，中国洋务运动在1864年开始，但日本的近代化进程走在了前头。甲午战争中国战败，赔款二亿三千万两白银，这笔钱相当于日本几年的国库收入，被日本用于扩充军队和投资实业、教育，有力地推进了日本近代化的进程。而中国却因此陷入了更大的危机中，近代化进程也因此而严重滞后。这段历史值得我们反思。

康乾盛世中的巨型园林

——避暑山庄

承德避暑山庄始建于清康熙四十二年（1703），距今已二百九十年。它地处燕山山脉，风景秀美，山川雄奇，气候凉爽。附近河流纵横，林密草长，兽群出没，是理想的牧区和猎场。避暑山庄经康熙、乾隆两朝的营构扩充、踵事增华，楼台翼然、花木繁茂、寺庙宏大，成为塞北草原上的璀璨明珠，是举世闻名的皇家园林。避暑山庄蕴含的历史和文化内涵十分浓郁、丰富，它是包孕着历史、文化、民族、宗教、建筑、园林等在内的大型综合性的博物馆，有极大的研究、开发价值。可以结合旅游服务，发展旅游文化，在人们观光游览的时候，给人以历史文化的陶冶。1983年，在承德举行的纪念避暑山庄建庄二百八十周年学术讨论会上，我曾经提议建立和发展避暑山庄学，积累资料、培养人才、建立机构、研究问题，使这一涉及多种学科的"山庄学"得以成长，并取得长足的发展。我相信，这对继承祖国历史遗产，弘扬中华民族文化，促进学术研究，发展旅游事业，建设社会主义精神文明具有重要的意义。

避暑山庄不是一座普通的园林，它和清代康乾时期的许多重要历史事件、重要历史人物有密切的联系，其地位十分重要。康乾时期，最重要的历史任务是把处于纷争、散漫状态中的中国重新统一起来，并促进经济、文化的发展。这一历史任务的执行和完成反映了长达一个多世纪的繁荣盛世，避暑山庄正是康乾盛世的历史见证。一到承德，看到许多建筑、景点、器物、碑刻，仿佛把我们带回了二三百年前的历史环境中，看到我们历史上光辉灿烂的事业和文明成就，看到逐步形成多民族泱泱大国的漫长历程。在这里，我们能感觉到历史脉搏的跳动，想见往事陈迹的影踪。据此而进行思考，得出我们的体会、感受和判断。

统一，这是十分古老而又永远新鲜的话题。统一才能够保证国力强盛、社会进步和人民生活的安定、幸福。深受割据战乱之苦的老百姓企盼统一，为实现统一而努力奋斗。中国虽然自古以来就是多民族统一国家，但统一巩固的程度，各个朝代很不相同。在清朝以前，统一的程度并不很牢固，各个民族和各个地区经常发生分裂、割据、对抗。在中国历史上贯串的主线之一，就是居住在中原的农耕民族，和居住在北方的各个游牧民族之间的冲突和战争。秦汉以前，北方的匈奴雄踞塞上，和中原王朝发生长期斗争，战乱频仍、民不聊生，中原地区建造长城以防御匈奴南下。两晋南北朝时期，北方许多少数民族长驱进入黄河流域，建立了地方政权，争战不息，称为五胡十六国，干戈扰攘数百年。唐朝是强盛的王朝，但仍不时和突厥、回纥、吐谷浑、吐蕃等作战。宋代有契丹、党项、女真、蒙古，边患不已。这些少数民族建立了辽、西夏、金、元王朝，与宋王朝长期对峙。最后，元朝灭南宋，统一了全国。几千年的中国历史上，国内的民族对抗和战争是重要的主线之一，反复出现，史不绝书。明朝，北方的游牧民族仍是对中央王朝的重大威胁，明朝中期、后期，中央王朝力量较弱，许多边陲地方在其有效控制之外，北部和西北仍为蒙古所控制，厄鲁特蒙古长期为明代边患，在著名的土木之战中曾击败明军，俘获了明朝英宗皇帝。漠南的察哈尔蒙古也具有强大实力，明朝岁致银币缎帛，以求和平。东北则满族崛起，并吞各部，屡败明军，统一了东北广大地区，骎骎然跨越长城，问鼎中原。还有西南地区，包括贵州、云南、广西、四川、湖南的许多地方，土司林立，互争雄长，中央政府鞭长莫及。台湾则在明末被荷兰殖民主义者所侵占。明朝末年，环顾宇内，明朝中央实际能控制管辖的是内地十三布政使司，其他少数民族居住的边疆地区，中央号令不及。或者处于对立关系，明朝驻军筑城，防其进攻；或者实施羁縻政策，封以职衔，赐以币帛，作笼络之计。统一的程度很不牢固，离心的倾向相当严重。这时已经到了17世纪，世界形势正在发生巨大变化，英国发生了资产阶级革命，资本主义正一日千里，迅速发展。西欧一些国家已将其殖民主义的魔爪伸向世界各地。中国内部民族冲突激烈而频繁，分崩离析的状况相当严重，不改变这种状况，后果是不堪设想的。如果外国资本主义提前两个世纪入侵中国，那时候中国内部统一凝聚的程度很脆弱，全国一盘散沙，互相争讧，缺少可以团结全民族的政治中心，在外国的武力侵略下，难以进行有效的抵抗，很有可能四分五裂、豆剖瓜分，出现极严重的后果。

17世纪中叶，清朝入关，改变了内争不息的情况。顺治和康熙初年，削平了南明的反抗和三藩叛乱，收复了台湾。这时已进入康乾盛世，在一百多年时间内，清朝除发展中原地区经济、文化外，还致力于经营北部、西部和西南边疆，在辽阔的疆域内重新统一中国，促使全国各民族的和解与团结，其功绩是伟大的。而且统一牢固的程度，远远超过了历代王朝。从前，汉唐盛世也管理着辽阔的边疆地区，但设置的是都护府之类带有军事统治性质的机构，或是设立若干羁縻官职，仅是象征性的统属关系。而清代在边疆地区，根据不同的情况，设立将军制、盟旗制、伯克制、郡县制，或设立驻藏大臣、办事大臣，实行军政和民政管理，使清朝的号令可以有效地贯彻到全国。无论是北方的游牧民族、中原的汉族还是西南的山地民族都在一个政府的统治之下，尽管民族歧视和民族矛盾仍然存在，但从总的趋势来看，全国各民族从隔离、对抗开始走向共处、和解。从前，南北民族往往以长城为界，互相仇视，彼此攻战。康乾时期，长城不再起隔离和防御作用，而变成供人凭吊观赏的古迹和风景区。康熙帝在诗中说："长城有险休重设，至治从来守四邻。"这就是说，各民族之间，不再需要以长城的险隘作为防卫，在清朝统治下，他们各自住在自己的地区，成为友邻。中国作为一个多民族的大家庭建立起秩序，这是清朝康乾时期的伟大成就。尽管这种成就也是通过血腥的战争镇压了各种反对势力而取得的，但如果对比17世纪初明朝末年时边疆地区的情形，其进步之巨大是显而易见的。统一代替了分裂，共处代替了战争，安定和秩序代替了干戈相寻、扰攘不宁，经济的初步发展代替了贫困、匮乏。康乾时代为国家的统一、民族的和解、版图的奠定做出了重要贡献。正因为这样，此后，中国经历了近代一百多年的殖民主义侵略，大敌当前，国势险危，但全民族都能团结一心、风雨同舟，并肩作战、共御外侮，帝国主义才不可能瓜分中国，不可能灭亡中国。

　　清代康乾时期如何实现国家的重新统一？当然，军事手段是很重要的，对于妨碍、阻挠统一的分裂势力，不能不临以兵威，扫除国家统一、民族和解道路上的障碍。康乾时期，对准噶尔蒙古进行了长期的战争，这是实现统一的关键。清朝初年，准噶尔已发展得十分强大，它居住在伊犁河谷以至中亚细亚，征服了天山南路，曾经攻入西藏杀拉藏汗，控制了青海各部，又打败喀尔喀蒙古，蹂躏漠北草原，准噶尔的上层贵族气焰嚣张、不可一世，严重威胁我国边疆的安定和清王朝的统治。必须彻底打败准噶尔割据势力，清朝的统治才能巩固，全国的统一、团结以及边疆的安宁才能实现。

　　清朝对准噶尔的军事行动延续七十年之久，简单说来有三个阶段，每个阶段都有几次重大而激烈的战斗。

　　第一阶段在康熙中期。准噶尔汗噶尔丹对喀尔喀蒙古（外蒙古）发动袭击，喀尔喀战败南走，投奔清廷，请求保护。噶尔丹的铁骑南下，至乌兰布通。当时康熙正为反对俄国人侵黑龙江流域而进行斗争，清军在雅克萨打败了俄国入侵者，并于康熙二十八年（1689）与俄国签订了《中俄尼布楚条约》，划分了中俄东段边界，使东北边境安定下来。翌年（1690），清军在乌兰布通迎击噶尔丹军，击退其进犯。此后又鏖战多年，噶尔丹身亡。这一阶段的战争，打击了骄横的准噶尔分裂势力，保护了内外蒙古的安全，建立了漠南、漠北广大地区的正常秩序。

第二阶段的军事行动在康熙末年和雍正年间。准噶尔蒙古继起的领袖策妄，乘西藏内争，派兵侵入西藏，杀拉藏汗，烧杀劫掠。康熙迅速调遣大军入藏，驱逐准噶尔军，以后又连年征战。雍正初年，平定了青海罗卜藏丹津的叛乱。又于雍正九年（1731）、十年（1732），与准噶尔战于和通泊、光显寺，这阶段的军事行动虽互有胜败，但清军毕竟制止了准噶尔的进攻，安定了西藏、青海与喀尔喀地区。雍正末年，双方经长期战争，力量消耗甚大，议和停战。

第三阶段的军事行动发生于乾隆中叶。当时准噶尔部达瓦齐新立为领袖，连年内讧，其重要将领和许多部落，纷纷投向清廷。清军乘其内讧的机会，派兵进入天山以北，攻克伊犁，俘获达瓦齐。接着，准噶尔的另一个领袖阿睦尔撒纳继起作乱，清军再次出击，打败阿睦尔撒纳。此后，清军又南取叶尔羌、喀什，平定大小和卓的割据，统一了天山南北，彻底扑灭了分裂势力，解除了蒙古、青海、西藏、甘肃所受的威胁，巩固了版图，确立了近代中国统一的格局。

清朝为实现统一进行了长达七十年的战争。当然，统一得以巩固和长久并非仅仅依靠军事行动所能获致。在战争进行之际和结束之后，清朝实行了大量的政治措施、经济开发和文化建设，制定了比较系统而行之有效的民族政策，加强了对边疆和民族地区的管理，鼓励垦荒，兴修水利，发展农牧业生产，尊重各民族的宗教信仰和社会习惯。其基本方针是"修其教不易其俗，齐其政不易其宜"，笼络、团结各民族的上层人士，根据各个地区、各个民族的不同情况，进行统治和管理。各个少数民族团聚在清政府周围，出现了长期和睦共处与交流往来的局面，逐渐增强了多民族大家庭的稳定与团结，奠定了中国疆域辽阔、人口众多的大国规模。这是来之不易的，是经过残酷的、激烈的战争，付出了血与泪的代价，并进行长期艰苦工作和惨淡经营的结果。

就在康乾盛世统一中国的过程中，木兰围场和避暑山庄开始建立。避暑山庄始建于1703年，而木兰围场比山庄建立还要早二十多年。其建立除了供皇帝和王公大臣们避暑、消夏、娱乐之外，还出于政治和军事上的需要。康熙二十年（1681）清朝削平南方的三藩之乱后，北方形势告急，俄国在黑龙江上大肆烧杀，准噶尔蒙古骚扰各地，康熙帝把战略重点转移到北方。就在康熙二十年，清廷在原属蒙古喀喇沁部和翁牛特部的地区内设置木兰围场，其目的是"习武绥远"，也就是训练军队，团结边疆少数民族。当时，康熙帝经常来到这里，清军在黑龙江上与俄国作战，很多军报文书直接传送到这里的行宫。1689年中国和俄国签订《中俄尼布楚条约》，中国使团从尼布楚返回，首先来到这里的行宫，向皇帝报告谈判情况。1690年，清军和准噶尔的第一场决战在乌兰布通，即离木兰围场不远。1691年，对团结蒙古族具有重大意义的多伦会盟就在围场附近举行。所以在避暑山庄建立以前，康熙帝经常在这里处理军政要务，这里逐渐成了指挥枢纽。在避暑山庄建立以后的一百年内，康熙和乾隆经常到山庄来，康熙晚年每年到口外来，有时一年来两次。乾隆在位期间，到避暑山庄五十三次。在此召见少数民族王公，接待外国使节，举行木兰秋狝，整军经武，乾隆帝还经常在这里度过自己的生日（阴历八月十三日）。因此，康乾两代许多历史人物和历史事件都在避暑山庄留下了痕迹。可以说，木兰围场和避暑山庄是康乾时期实现国家统一过程中的产物，其建立出于进行军事行动和团结蒙古族的需要。它们是我国多民族大家庭形成和巩固的历史见证。

　　为什么康熙要选择承德这块地方来处理军政要务呢？有多方面的原因。从地理位置而言，避暑山庄地处北京与蒙古草原的交通要道，围场以北是科尔沁草原、乌珠穆沁草原、上都牧场，牧草茂密，牛羊肥壮，南接华北平原，耕田鳞次，农业发达，是农耕民族和游牧民族经济贸易、文化交流十分活跃的地方，又是自古以来的军事要冲。而且气候凉爽、空气清新，森林覆盖率高，自然环境优越。当年，少数民族不习惯北京的环境，居住在北京容易感染天花，损害健康以至夺去生命。清朝两位年轻的皇帝均因出痘而早逝，清初战功卓著的豫亲王多铎以及乾隆时至北京入觐的六世班禅亦均感染天花而身亡。在当年的少数民族中，天花是极严重的恶疾，几乎谈虎色变。为了保护少数民族的健康，凡是已出过天花，取得免疫力的人，叫作"熟身"，可以进入北京；凡是未出过天花，没有免疫力的人，叫作"生身"，不能进入北京。皇帝轮流召见少数民族王公，"熟身"在每年年底到北京觐见，称"年班"；"生身"在每年秋季到避暑山庄觐见，并随同围猎，称"围班"。清廷对随围的蒙古族官兵十分礼遇，赐宴款待，赏给衣服、靴帽、绸缎、布匹、刀枪弓箭以及金银珍玩。每次清帝出巡行围，附近数百里蒙古各部落的首领和牧民，携带全家妇孺，赶着牛羊驼马，在围场附近设帐驻居或随同行围，或等待召见。可见避暑山庄的建立为联络、维系少数民族提供了适合的场所。

更值得注意的是，与避暑山庄毗邻的木兰围场，地方广袤、林深草密、鹿羊成群、熊虎出没，是非常理想的猎场。康熙、乾隆都很注意满洲八旗官兵的习武传统，强调骑马射箭。每年木兰秋狝，是练兵的好机会，康熙说："一年两次行猎，专为讲武，与行兵无异。校猎纪律，自当严明。"随围的官兵，包括满蒙八旗，每次参加者少则数千人，多至二三万人。他们经过艰苦的行军、激烈的追逐、紧张的驰骋，顶风冒雨、戴月披星，得到了近于实战的锻炼，提高了战斗力和顽强意志。康熙帝十分重视木兰行围的作用，他说："从前曾有以朕每年出口行围，劳苦军士条奏者，不知国家承平虽久，岂可遂忘武备？"他列举多次和准噶尔作战取得的胜利，认为即得力于木兰行围。"此皆因朕平时不忘武备，勤于训练之所致也。若听信从前条奏者，惮于劳苦，不加训练，又何能远至万里之外而灭贼立功乎？"

由此可见，清代康乾时期，木兰围场和避暑山庄的创设和发展，并不仅仅是由于该地风景雄秀、气候凉爽，可以消夏娱乐，更重要的是可以联络蒙古，团结少数民族，整军习武，训练官兵，具有重要的政治和军事意义。

慈禧、奕䜣斗法记

"飞鸟尽，良弓藏；狡兔死，走狗烹"，这是统治阶级鹰犬们悲惨而可耻的末路。恭亲王奕䜣虽然曾经受帝国主义赏识，又把慈禧太后扶上了统治的宝座，但是随后他就被主子一脚踢开，落得和历史上许多统治阶级的鹰犬一样的下场。

19世纪60年代之初，奕䜣集团执掌政权，气焰熏天，颇有点"天下莫予毒"的派头，权力、地位、各方面的阿谀吹捧，弄得奕䜣有点昏昏然、飘飘然，他自以为和慈禧太后处在对等的地位。一个外国人描写当时的局势："两个当权者，慈禧和恭亲王，在谨慎地互相监视着。"①

事实上，就奕䜣的实力、地位、统治手段来说，他只配充当慈禧的鹰犬，不配成为敌手。赵烈文对奕䜣下过这样的评语："聪明信有之，亦小智耳……至己为何人，所居何地，应如何立志，似乎全未理会……恐不能无覆悚之虞，非浅智

---

① 马士：《中华帝国对外关系史》（第2卷），张汇文等译，北京，生活·读书·新知三联书店，1958，第67页。

薄慧、涂饰耳目之技所能幸免也。"①

一切专制暴君绝不允许在自己身边有一个隐然钳制自己的力量,赵烈文懂得这一点,所以他讥评奕䜣不理会自己所处的危险地位。残忍的慈禧势必要把奕䜣踩到脚底才会甘心。但是慈禧和奕䜣的政治路线基本一致,慈禧在一段相当长的时间里还物色不到新鹰犬,不得不仍旧依靠奕䜣,这种情况决定了这场斗争的隐蔽性和曲折性,故而斗争只局限在宫廷琐事上。

一般官书对这场宫廷斗争都讳莫如深,但无意中又透露出蛛丝马迹。

《清史稿·奕䜣传》载:同治"四年三月两太后谕责王信任亲戚,内廷召对时有不检,罢议政王及一切职任"。这是慈禧打的第一棒。不过这一棒打得不是时候,奕䜣和外国侵略者的蜜月期还没有过去,侵略者竟跑到总理衙门提出质问。朝廷的戚旧大臣也恐慌起来,因为离开了奕䜣,他们既无法应付外国侵略者,也难于和湘、淮系汉族地主势力保持均衡。他们纷纷向慈禧进谏,慈禧为形势所迫,只好趁势转圜,让奕䜣复职。

1869年奕䜣对慈禧进行了一次小小的报复,这就是著名的安德海事件。太监安德海奉慈禧的命令赴广东采办龙衣,沿途招摇。安德海是慈禧的亲信,据薛福成说,往"岁恭亲王去议政权,颇为所中"②,奕䜣自然对安德海痛恨入骨。

---

① 赵烈文:《能静居日记》,同治六年七月初九日。
② 薛福成:《庸盦笔记·书安德海伏法事》。

按照清朝的祖制,太监不得擅离北京,所以安德海到达山东,就被山东巡抚丁宝桢扣押起来。奕䜣纠合一批亲贵大臣,极力主张把安德海就地正法,慈禧在奕䜣等的压力下,竟无可奈何,只得依议执行。奕䜣借丁宝桢的刀,剪除了慈禧的羽翼,而且使慈禧大大地丧失了面子。但是,杀了一个安德海,动摇不了慈禧太后的地位,反而激起了她强烈的复仇怒火。

1874年,在重建圆明园问题上,斗争再一次爆发。自从圆明园被英法侵略联军烧毁之后,慈禧太后少了一个游耍行乐的场所,一直悒悒于心,希望再建这个名园,重圆她奢侈的旧日梦。当时清王朝刚刚从革命大风暴中挣扎过来,财政上千疮百孔,要兴建如此豪华的建筑,谈何容易。这不仅要搜刮亿万人民的脂膏,而且威胁到各级大小官吏的钱袋,所以是个很不得人心的措施。但是,慈禧一意孤行,借同治帝亲政的机会,用皇帝名义下令重建圆明园,说是以示皇帝对皇太后的"孝养"。命令发布后,御史沈淮、游百川首先反对,接着奕䜣又出头拦阻,气得慈禧索性撕破面皮,大闹一场,奕䜣以"语言失仪"的罪名被革去世袭亲王,降为郡王。盘踞在军机处和总理衙门的奕䜣集团,在大学士文祥的率领下(文祥是奕䜣的主要帮手)向慈禧"涕泣力谏"[①],被慈禧臭骂一顿。文祥等称病辞职,以示抵制。两魔斗法,将达半年,弄成相持不下的僵局。一时朝廷内外,人心惶惶,连远在甘肃军中的左宗棠也自称半"载以来,忧惧靡已"[②]。

---

① 赵尔巽等:《清史稿》卷三百六十八,《文祥传》。
② 《左文襄公书牍》卷十四,《答李筱轩》。

这时天津发生了一场讼案，给奕䜣集团解了围。原来慈禧太后派了一个候补知府李光昭，向法国、美国商人购买洋木，供建筑圆明园之用。李光昭是个财迷心窍的骗子，所购洋木值五万四千元，他却虚报为三十万两（约合四十二万元），法、美两国奸商更是存心欺蒙，运来的是霉烂脆劣的小块木材，根本不能供园工使用。木材运到了天津，李光昭一看木材的质量、尺寸与原议的合同不符，不肯给价收货，外国奸商就控告到北洋大臣的衙门里，反说李光昭不履行合同义务，并且举出合同内有"圆明园李监督代大清皇帝立约"的字样，一口咬定李光昭是太后和皇帝的代表，这样就弄成了外国奸商与太后、皇帝之间打官司。当时北洋大臣李鸿章恐怕影响到淮军的军饷，也不同意修建圆明园，他索性把这场官司和盘托出，公开宣示，请求朝廷指示处理的办法，弄得慈禧太后大出其丑、尴尬万分，只好拿李光昭开刀，说他"诈称内使近臣"，定了斩监候的死罪，主持圆明园工程的内务府大臣也被革职，圆明园工程只好取消。这场官司使统治阶级的内部斗争告一段落，不久，奕䜣、文祥等均复职。

经过这次斗争，奕䜣集团开始认识到慈禧的心狠手辣，只得低声下气，事事逢迎慈禧。这时李鸿章北洋集团已崛起，逐渐取代奕䜣的职权；慈禧又勾结上醇亲王奕譞（光绪的父亲）和庆亲王奕劻，以牵制奕䜣；奕䜣集团的骨干文祥等又相继病死。于是，奕䜣集团的势力日益衰落。奕䜣虽然仍保持着军机处和总理衙门的职权，但已沦为政治舞台上一个无关紧要的配角。

慈禧太后仍不放弃利用每一个机会来打击奕䜣。1878年华北大旱，慈禧硬要奕䜣对这场天灾负责，把奕䜣"交宗人府严加议处"，集团中的宝鋆、沈桂芬、景廉等也受了处分。1884年中法战争，清军在北宁战败，失败的责任主要应该由慈禧和李鸿章负责，舆论对清政府大加抨击。这时，奕䜣又被捉来当了替罪羊，奕䜣集团全班人马被清洗出军机处和总理衙门，奕譞和奕劻掌握了这两个机构，成为慈禧太后的新鹰犬。

在这场统治者内部斗争中，慈禧太后充分显示了她蛮横、毒辣的专制淫威。但是这种专制淫威的形成要有一定的条件，就是必须得到帝国主义的认可和支持。慈禧太后之所以能把一切官僚当作鹰犬使唤，正因为她自己首先是帝国主义的最大鹰犬。奕䜣固然和帝国主义最早拉上关系，但是他的实力有限，办事动辄受牵制，不能为帝国主义更好地服务，因此不久就失去了帝国主义的宠爱。帝国主义发现慈禧和李鸿章是比奕䜣更理想的代理人，于是把赌注从奕䜣的桌面上拿走，转押到慈禧和李鸿章的桌面上，这是奕䜣集团失败的主要原因。担任了多年驻华公使的美国侵略分子田贝以赞赏的口吻说，摄政的太后，在她的族人中，一向是第一个最能了解中国与其他国家的关系问题的人物。又说，19世纪60年代以后美国在华势力的扩张，都是由于慈禧太后的意愿及行使其统治权力的结果。当中法战争中奕䜣的职位被奕譞取代，老牌的英国侵略分子赫德还为此欢呼，他说："七爷（按：指奕譞，因为他是道光帝的第七子）将控制这政府，所以很可能中国真正地能够进步。"① 在侵略者的嘴里，凡是符合帝国主义利益的就是"进步"。所以，奕䜣的失势对慈禧太后来说是踢开了一只不甚驯服的鹰犬，而代之以更加驯服的鹰犬；对帝国主义来说，也不过是抛弃了一个不是很得力的奴才，而代之以更加得力的奴才。

---

① 中国近代经济史资料丛刊编辑委员会编：《中国海关与中法战争》，北京，中华书局，1983，第149页。

第一个洋务派集团的兴衰

19世纪下半期,一部分官僚主张学习外国的枪炮、机器和科学技术,拿来作为维护封建统治的手段,这些官僚被称为"洋务派"。洋务派的第一个重要代表是恭亲王奕䜣。

奕䜣是道光皇帝第六子,他在政治上发迹,完全是由于在第二次鸦片战争中和外国侵略者达成了紧密的勾结。当时清王朝的统治处在风雨飘摇中,南方有汹涌澎湃的太平天国革命,北方英法侵略联军又气势汹汹地闯进了北京城,咸丰皇帝逃难到热河行宫,把他的弟弟——奕䜣留在北京,以便向侵略军投降。在清王朝危急的关头,奕䜣连续立了三件"功劳"。

第一件"功劳"是和英法侵略军议和,签订了《北京条约》。奕䜣以御弟身份,主持这次卖国谈判。外国侵略者把清王朝狠打了一棒,使它不敢再违背自己的意志,又立即换了一副笑脸,竭力拉拢和支持清王朝,以便共同对付太平天国革命。从此奕䜣和外国侵略者经常厮混在一起,关系十分亲密。

第二件"功劳"是和慈禧太后一起,发动政变,杀了端华、肃顺等人，夺取了政权。原来咸丰皇帝于1861年8月病死于热河，幼皇帝载淳（即同治帝）即位，政权落到了一直受咸丰皇帝信任的端华、肃顺等人之手。同治帝的生母慈禧太后是一个很有野心的人，企图独揽政权，和端华、肃顺等人展开了争夺权力的斗争。在这场斗争中，奕䜣是慈禧太后的主要帮手，他给慈禧太后和外国侵略者建立了联系，在北京布置了一个有利于慈禧太后的形势。然后，太后带着幼皇帝突然从热河回到北京，捕杀了端华、肃顺等人。慈禧太后在晚清独揽大权四十多年，奕䜣是给她立了很大功劳的。

第三件"功劳"是"借夷助剿"，就是借用外国军队镇压太平天国革命。实际办理这件事的人是在长江流域和太平军作战的薛焕、曾国藩、李鸿章、左宗棠等人，奕䜣是处在决策者和赞助者的地位。《北京条约》签订后不久，奕䜣在一个奏折里把太平天国和捻军比作"心腹之患"，把外国的入侵比作"肘腋肢体之患"，所以他的政治路线是，"灭发、捻为先，治俄次之，治英又次之"，重点放在对内镇压人民革命，对外则是"外敦信睦，而隐示羁縻"。奕䜣还把当时的斗争形势比作三国鼎立的局面，把清王朝比作刘蜀，太平天国比作曹魏，外国侵略者比作孙吴，竭力主张"联吴伐魏"，这个不伦不类的比拟，充分表现了奕䜣集团的媚外性格。清王朝当时执行着奕䜣的这条路线，和外国侵略者勾结起来，共同镇压太平天国革命。

奕䜣由于立了这三件"扶倾定危"的反革命功劳而烜赫一时，他以议政王的名义，破例任军机处领班大臣（按清朝成例亲王不得任军机大臣），并兼管总理各国事务衙门（第二次鸦片战争后新设立的对外交涉机构），内政、外交大权总揽于一身。但是，随后我们可以发现一个奇怪现象，奕䜣集团按照资格、地位和反革命功劳，应该权倾一时，但实际上这个集团的权力却有限，19世纪60年代还有点表面威风，到了70年代就渐渐不济事了，李鸿章的北洋集团逐渐崛起，取代了奕䜣集团的地位，到中法战争期间，奕䜣集团全班人马被赶出军机处和总理衙门。奕䜣集团竟是如此短命，究竟是什么道理？

原来太平天国革命给予清王朝极大的打击，清王朝为了镇压革命不得不提高反革命各派系的权力和地位，这个王朝内部充满着派系矛盾，满族亲贵和汉族官僚之间、中央和地方之间、顽固派和洋务派之间，展开了激烈的斗争。奕䜣集团并没有从咸丰皇帝那里继承到一份巩固的统一权力的遗产，它必须在和各派系的斗争中使自己巩固。而且，奕䜣也不算清王朝权力的继承人，实际上继承人是垂帘听政的慈安和慈禧两太后，以及太后怀抱中的同治皇帝。奕䜣既不能撇开两个太后而"挟天子以令诸侯"，又不可能越过湘、淮系头子，直接指挥军队，因此他在派系斗争中进退失据，无所依傍。阴险毒辣的慈禧初时需要奕䜣集团的支持，离开奕䜣集团，她就成了一只没脚蟹，但等到地位渐趋稳固，她就不能容忍奕䜣集团分享权力。"利尽则交亡"，这是统治阶级相互关系的一条铁律。慈禧太后的手段很厉害，她善于在复杂的派系关系中保持平衡，又能够觑准奕䜣集团的弱点而屡加打击。关于慈禧太后和奕䜣之间的斗争，情况复杂，在这里不及详叙。总之，奕䜣集团像孙悟空那样，虽然神通广大，但仍然跳不出如来佛的手掌心，最终被压倒在五指山下。奕䜣集团对外国侵略势力来说，是打入清政权内部的便桥，对慈禧太后来说，是爬上统治宝座的阶梯，它在近代历史上的作用就是如此。

曾国藩在私底下跟亲密幕僚赵烈文议论奕䜣集团，说奕䜣"晃荡不能立足"①，这句话颇说中奕䜣集团的弱点。奕䜣集团在湘、淮系头子面前以清王朝统一权力的捍卫者身份出现，主张削弱地方实力，因此引起湘、淮势力的不满，李鸿章说其"庸鄙无远识"②，"但以内轻外重为患，日鳃鳃然欲收将帅疆吏之权"③；在满蒙亲贵面前，奕䜣又以洋务派姿态出现，惹起那班冥顽不灵的亲贵大臣的老大不快，他的弟弟醇亲王奕譞和大学士倭仁等对他均抱反感；奕䜣在慈禧太后面前以权力的分享者面目出现，限制太后宠信太监和重建圆明园，更引起慈禧太后的愤懑。至于在人民的眼里，奕䜣更是一个典型的卖国贼，人民送给他"鬼子六"的诨号（因他是道光第六子），甚至在中小官吏、地主中间，奕䜣也是名誉扫地。1862年法国教士文乃耳拿着钤盖恭亲王印章的文凭在贵州省开州知州的公堂上无理取闹，知州戴鹿芝对他说："恭亲王乃久蓄异志、私通外洋之人，其人何足道哉。"④

---

① 赵烈文：《能静居日记》，同治八年五月二十八日。
② 李鸿章：《致潘鼎新书札》。
③ 李鸿章：《复郭嵩焘书札》。
④ 宝鋆编修：《筹办夷务始末》（同治朝）卷六。

可见奕䜣的媚外路线在稍具民族意识的中下级官吏中也遭到唾弃。就像曾国藩所说，奕䜣集团是处在"晃荡不能立足"的孤立地位。

奕䜣集团的孤立，反映了帝国主义对清朝政权的控制才刚刚开始，它虽然幸运地物色到了像奕䜣这样的高等奴才，但是还来不及广泛地培植爪牙。帝国主义本来对奕䜣的期望很大，1860年英国公使普鲁斯兴奋地说："假使要从他们身上搞点什么，那是再方便也没有了。"① 但是，后来侵略者发现奕䜣集团在各派牵制下竟不能有所作为。1866年英使馆参赞米特福写道："铁路、电报、违背条约等等，这一切老话已经谈过一百次了。恭亲王很烦躁不安，他像一只野兔子似的踌躇、绕圈子、回避。"② 奕䜣没有权力完成外国主子交给他的任务，就逐渐失去了主子的欢心。因此，外国侵略者宁肯转而支持李鸿章的北洋集团。北洋集团有军权、财权，有全班淮系喽啰供驱遣，是比奕䜣集团更合适的工具。于是，失去外国支持的奕䜣集团，被慈禧太后轻而易举地打入冷宫，得到外国支持的李鸿章集团起来填补了奕䜣集团的空缺。

---

① 《普鲁斯致罗塞尔的信》。
② 《米特福信件》。

中日甲午战争的前因与后果

1894—1895年，中国和日本之间发生了一场决定两国命运和远东政治格局的战争，现离战争结束已一百年，回顾和反思这场战争，将能得到有益的启示和教训。

在古代，亚洲东北部的政治格局比较简单，通常包括中国、日本、朝鲜三个国家。中、日、朝三国在近代以前的一段时间内和平相处，并无兵戈。16世纪，西方殖民主义者东来，葡萄牙租借澳门，西班牙、荷兰、英国、法国接踵而至，中国的东南海面从此扰攘不靖。16世纪末，俄国的哥萨克跨越乌拉尔山，穿过广阔的西伯利亚，17世纪前期已到达太平洋西岸。西欧国家从海上，俄国从陆上，把侵略魔爪伸向了东亚，改变了这里简单的政治格局，对这片平静而封闭的土地造成了强烈的震撼。

以1840年中英鸦片战争为契机，外国殖民势力用大炮轰开了中国的门户，中、日、朝三个东亚国家同时被卷进世界资本主义历史旋涡，成为列强追逐的猎物。中国和日本在被外国侵略之下，开始认识西方文明的优越性，力图富国强兵，向西方学习，中国出现了持续三十年的洋务运动，日本发生了尊王倒幕的"明治维新"。中国幅员广阔、资源丰富，洋务运动三十年内造枪炮、建工厂、开矿山、办电报、筑铁路、设海军。以李鸿章为代表的洋务派醉心于西方物质文明的成就，努力将它移植于中国，企图借资本主义的器物，挽救封建王朝的没落。洋务派的举措一时颇炫人耳目，似乎取得了进步。其实清王朝政治腐败，已病入膏肓，而顽固派的势力十分强大，阻挠一切新事物，洋务派的封建性格也极深，又对外国百般依赖，虽进行了枝枝节节的改革，但却步履迟滞，如蜗牛爬行。有识之士早已认识到它的弱点：洋务运动好像纸糊的房子，只可供表面观看，却经不起风雨的吹打。中日甲午战争的失败证明了洋务运动不可能使中国振兴富强。

日本和中国一样，同样面对殖民主义的侵略和西方文明的冲击。但它的社会结构、政治体制、意识形态和中国不同。与中国洋务运动同时起步的"明治维新"一开始就显示了蓬勃的朝气。它不但在工厂、航运、矿冶、铁路、电信等方面取得了成绩，而且在政治、教育、法制、军制、思想领域力行改革、除旧布新。1877年实行义务兵役制和义务教育制；1878年设立参谋本部，进行军制改革；19世纪80年代颁布新学制；1885年制定新官制，设立内阁；1889年颁布宪法；1890年进行议会选举，组织政党。尽管日本的改革并不彻底，富有封建的、军国主义的色彩，但毕竟已在资本主义的轨道上迈开了步伐，取得了明显的成效。

日本统治者从一开始就强烈意识到要发展本国的资本

主义，必须对外扩张，掠夺邻国的土地和资源。它把侵略的矛头对准中国和朝鲜。"明治维新"初期，日本国内即充满着"征朝论"的声浪，以后一直扩充军备，欲向中国挑衅。1874年，日本即派兵入侵台湾；1883年与1885年又在朝鲜制造政变，扩张实力，挤迫中国，但均因羽翼未丰，就其海陆军实力而言，尚无战胜把握，故暂时隐忍，不敢贸然与中国开战。中日甲午战争前夕，日本投入更大力量，厉兵秣马，追赶中国，必欲与中国一战而胜。到甲午战争时，它的正规陆军扩充至七个师团约十二万人，预备役二十五万人，海军舰只约五万八千吨。而清政府盲目自大，以为日本是新起的小国，对它缺少警惕。清朝官僚认为日本在军事上不堪一击，"敢与上国抗衡，实为螳臂当车"。正是在清王朝漫不经心、未加防备的情况下，日本发动突然袭击，燃起熊熊战火。

除了在东亚地区竞争的主角日本和中国之外，英国和俄国也成支配东亚局势的强大力量。英国的资本主义发展最早，海上力量尤其强大，其殖民地遍布全球，在远东的势力和影响首屈一指。1824年它侵占新加坡，并以印度为基地，并吞缅甸和喜马拉雅山区的尼泊尔，用武力侵占香港岛，强迫中国五口通商，又在长江流域和其他地方取得广泛权益，当时英国势力已进入中国全境。19世纪后期，各国对华贸易中，英国的份额遥遥领先，占中国外贸总额的百分之七十以上，英国人在中国经营的公司占外国人在华公司的三分之二。英国还通过清政府控制了中国的海关，操纵中国的海陆军，干涉清朝的内政。当时，美国的亚洲舰队司令里德十分羡慕英国的地位。他说："英国人这样有步骤地在中国进行掠夺，并使中国人服从其指挥，乃至于他们实际上成了这个国家的主人。他们控制着贸易、报纸、商港和政治。"①

俄国也是支配东北亚局势的政治大国，特别是在第二次鸦片战争中，它趁火打劫，撕毁了业已签订一百七十年之久的《尼布楚条约》，挥师突破中国边界，直下黑龙江，强迫清政府签订《瑷珲条约》和《北京条约》，割占了黑龙江以北、乌苏里江以东一百多万平方公里的中国领土，进一步要在远东地区争夺霸权。不过，俄国刚刚占领这片广大的土地，经营未久，立脚未稳，而西伯利亚在经济上尚未开发，从俄国的欧洲本土来到远东，路途遥远，交通极为不便。甲午战争以前，它正投入巨大的人力、财力经营远东，加强军事力量，修筑西伯利亚大铁路，为进一步扩张做准备。甲午战争前夕，俄国在远东的势力已咄咄逼人。一位苏联历史学家评述19世纪后期中国的局势时说："从对中国的事务的利害关系和对中国事态发展施加影响的能力来说，俄国当时仅次于英国居第二位。"②

19世纪后期的东北亚，在中、日、英、俄四种力量的矛盾和制衡下，引发种种事态。四种力量构成两对矛盾，即中日矛盾和英俄矛盾。中日矛盾起初较为微小，不引人注目，

---

① 转引自[苏]福森科：《瓜分中国的斗争和美国的门户开放政策（1895—1900）》，杨诗浩译，生活·读书·新知北京，三联书店，1958，第77页。

② [俄]康斯坦金·波波夫：《太平天国时期的沙俄外交》，载《近代史资料》，1978年第1期。

但随着日本军国主义的迅速发展而日益尖锐。日本处心积虑，必欲侵略中国。它正在积蓄力量，窥测时机，东亚上空的战云日渐浓密。而英国和俄国则系宿敌，两国在世界范围内到处剑拔弩张。50年代，俄国与英、法、土耳其在克里米亚进行了一场激烈而残酷的战争。80年代英、俄在阿富汗又屡次冲突。在远东，俄国集结舰只于海参崴，威胁英国在远东的势力，英国则一度占领朝鲜的巨文岛，以遏阻俄国势力的南下。为了对付俄国，英国急需在远东找到伙伴，它终于物色到了新起的日本，而日本也竭力巴结英国，抢在甲午战争之前与英国完成修订条约的谈判。为了取得英国的欢心，日本在谈判中大幅度地妥协让步，接受许多商品的协定关税，推迟废止领事裁判权等，以换取英国默许自己对中国用武。就在中日甲午战争爆发前夕，英国外交大臣在签订《日英通商航海条约》的仪式上说：这"个条约的性质，对日本来说，比打败清国大军还有利。"

俄国对日本的扩张虽有顾虑，但当时西伯利亚大铁路尚未筑成，其在远东的军事力量不足。并且，它一开始低估了日本的作战能力和野心，也没有预料到清政府缺乏抵抗意志而迅速溃败，故对战争的爆发听之任之，抱着"坐山观虎斗"的态度。直到中国战败，日本企图割取中国的辽东半岛，严重地触犯俄国的利益，俄国才慌忙纠集法国、德国一起，演出了"三国干涉还辽"的一幕，阻止了日本在中国东北的扩张。

这样，日本巧妙地利用了英俄矛盾，并得到英国的支持，躲开了可能的国际干涉，战争时机成熟，遂于1894年以帮助朝鲜政府镇压东学党起义为名，悍然出兵，向中国发动战争。是年7月，日本军舰先在朝鲜的丰岛海面不宣而战，突然袭击中国的军舰和运输船只。接着，日本陆军又进攻在朝鲜牙山的清朝军队，挑起衅端。8月1日，中日两国正式宣战。日本组成了以天皇为首的战时大本营，统筹战争时期的军事、外交、政治、经济。海军组成联合舰队，出入于朝鲜和中国海面，准备决战。陆军则倾巢而出，投入战场，力求速战速决。日本还颁布紧急敕令，募集战时公债，制造"圣战"舆论，煽动军国主义狂热，倾注全国的人力物力，务求战争必胜。而清政府却对战争缺乏准备，没有抵抗的决心，没有战前的部署，没有统一、明确的指挥。掌握军政大权的慈禧太后和李鸿章都害怕战争。慈禧太后正高高兴兴地准备庆祝自己的六十寿辰，不愿战争影响了庆典；李鸿章一心一意要保存淮军和北洋舰队的实力，寄希望于列强的"调停"和"干涉"。连总税务司英国人赫德也说："外交把中国骗苦了，因为信赖调停，未派军队入朝鲜，使日本一起手就占了便宜。"在这种怯战、妥协的思想指导下，清朝陆军在平壤作战失败，溃不成军。北洋舰队也在黄海海战中失利，避匿于威海卫，不敢复出。日本夺得了制海权，遂毫无顾忌地渡过鸭绿江，长驱而入，把战火烧到中国东北境内。就在北京笙歌沸天，向太后欢呼祝寿之时，大连、旅顺相继失陷，前线频传败绩。翌年，日军又在山东登陆，清朝陆军作战仍不力，北洋舰队的据点威海卫沦陷，中国新生的海军面临绝境，在进行了勇敢抵抗之后，全军覆没。中日甲午战争经过八个月战斗，海陆军均告失败，清政府不得不派年迈的李鸿章前往日本求和，签订《马关条约》。条约规定：中国将台湾全岛及所有附属各岛屿、澎湖列岛和辽东半岛割让给日本，中国赔款白银二亿两，日本可在中国通商口岸投资设厂，增辟通商口岸，等等。这次战败，割地之广阔、赔款之巨大、勒索之苛刻，使全世界感到震惊。中国人民又被套上了一具沉重的枷锁。

正像许多历史学家所指出的，中国败于政治上的落后与腐败。洋务运动，枝节改革，本末倒置，与日本的"明治维新"相形见绌。在弱肉强食、竞争激烈的资本主义世界，发展的速度至关重要，步伐迟缓就会失去时机，被挤出竞争的轨道而堕入谷底。甲午战争中，国家虽大而步伐迟缓的中国败于同时起步而锐于进取的东邻日本，日本借战胜之威，尽情勒索，故能脱颖而出，追赶列强而与之并驾齐驱；中国则割地赔款，元气大伤，国际地位一落千丈，丧失了发展机遇，沉沦于苦海之中。

中日甲午战争对中国是巨大的震动，全国一片沸腾。当《马关条约》签订的消息传来，各地人民痛哭流涕，反对割地、赔款。先进分子进行痛苦的反思和长远的筹谋。陈独秀回忆说："甲午战争的失败，国土的割让，使举国上下如大梦初醒，稍有知识者大多承认了富强之策。"从此，救亡和改革的大潮涌起，成为中国政治的主旋律。此后，戊戌变法、辛亥革命、五四运动、北伐战争、土地革命，中国人民爱国救亡，前仆后继，投入了反帝反封建的艰苦而漫长的战斗。

日本是甲午战争的胜利者。所获赔款之巨、得地之广、掠夺权利之多，是军国主义者自己始料不及的，全国沉浸在胜利的欢乐气氛中，如醉如狂。日本政界财界头子井上伯爵说："得到这笔赔款以前，在日本的财政机关中，上亿日元的款项连提也没人提过，收入至多到过八千万日元。所以，想到有三亿五千万日元涌进国内（按：中国赔款白银二万万两当时折合三亿五千万日元），无论政府或私人都产生了一种无限富有的感觉。"① 但是，前一场战争的结束往往是后一场战争酝酿的开始。俄国在《马关条约》签订以后，立即联合法国、德国，强迫日本退出了辽东半岛，一面示恩于清政府，一面在东北亚扩大地盘，插手朝鲜事务，租借旅顺，修筑中东铁路。日本与俄国势不两立，新的战争乌云又笼罩在东北亚的上空。

俄、法、德三国干涉还辽给沉浸在战胜狂欢中的日本泼了一瓢凉水。当时，日本在甲午战争以后，力量耗尽，财政匮乏，无法对抗三国的压力，只能忍气吞声，放弃侵占辽东半岛。日本朝野以此为奇耻大辱，要求卧薪尝胆，誓报此仇。甲午战后，它立即以俄国为假想敌，进行战争准备。1895年，日本参谋本部提出陆军扩充计划，为了战胜俄国，拟在现有七个师团的基础上，再增加七个师团，常备军达二十五万人，战时动员后备军，总共可达兵力六十万人。海军方面，提出"六六舰队"的设想，建造和购置大型军舰。伊藤博文内阁所提十年扩军计划的军费达六亿日元。除了有来自中国的赔

---

① 转引自[俄]康斯坦金·波波夫：《日本经济地理》，1939，第33页。

款以外，日本还尽力在国内搜刮，横征暴敛，以筹措扩军经费。就像日本报纸上所说："即使把三餐节省为两餐，也要扩充海军。"① 他们在战争的精神准备方面尤其突出。俄国陆军大臣在总结日俄战争中日本战胜的原因时说："我们没有注意，多少年来日本人民的教育就贯彻着一种尚武精神和爱国的方针。我们没有看到，这个国家的教育方法，在小学校就教育孩子们热爱自己的国家，并成为英雄人物。这个国家对军队的信任与尊敬，个人乐于服兵役和为此而感到自豪，各阶层保持的铁的纪律，以及武士道精神的影响……所有的名门望族都试图为国效力，或送子弟从军，或捐献钱财……不仅士兵而且全体国民都感到这场战争的极端重要性，了解进行战争的理由，不惜一切牺牲争取胜利。使日本获得胜利的力量就在于此"。② 总之，甲午战后，日本的战争狂热一发而不可止，日本政府把国家引向军国主义而一路狂奔。

俄国在联合法、德干涉还辽成功之后，野心更加膨胀。它促成了俄、法对中国的四厘借款，建立道胜银行；又诱胁清政府签订《中俄密约》，侵占旅顺，夺取修筑中东铁路的特权，把中国的东北视为自己的禁脔。军事力量也迅速增强，俄国远东军区的陆军从1894年的二十个步兵营、若干炮兵连，增加到1903年的一百零八个步兵营。其远东舰队从四万吨增至十万吨。旅顺口和海参崴军港防卫力量得到增强。日俄战

---

① [日]《报知新闻》，1895年5月17日。
② [俄]库罗帕特金:《俄国军队与对日战争》，北京，商务印书馆，1980，第122~123页。

争前夕，西伯利亚大铁路已经通车，俄国已能把军队和给养从欧洲调到远东地区。但是，刚刚修通的单轨长程铁路，设备未全、维护很差，还难以发挥迅速运输的功能。

1900年，中国发生义和团运动，八国联军蜂拥入侵中国，进行血腥屠杀。帝国主义之间又因在华利益的冲突，彼此钩心斗角，矛盾重重。当时，英国正在非洲与布尔人作战，美国则刚刚打完与西班牙的战争，都不能派出很多军队。觊觎中国而又彼此敌视的日本和俄国充当了侵略的急先锋。日本邻近中国，派出兵力最多，扮演着"远东宪兵"的角色；英国为支持日本以制约俄国，给它提供贷款。而俄国竟趁机出兵迅速占领东北全境，驱逐中国的军政机构，此后，又长期拖延，拒不撤军。俄国的行径引起日本的极大忌恨，日俄矛盾急剧上升。

1904年，日俄战争终于爆发。这次战争动员兵力之众多，战斗之激烈，远远超过甲午战争。两个帝国主义强盗作战，战场却在中国的领土上，中国人民的生命财产受到严重损失，这是弱肉强食世界才会出现的现象。结果，俄国战败，势力退到北满，日本取代了俄国在南满的地位。日本以新兴小国，十年之内连续打败中国和俄国两个庞然大国，趾高气扬，不可一世，成为东亚的支配力量。

1914年，第一次世界大战爆发，再一次给日本造成扩张的机会，日本欲乘机夺取德国在山东的全部利益。英、美虽不愿日本趁火打劫，破坏在远东的力量均势，希望"维持远东现状"，但日本不肯顺从，单方面对德宣战。1914年9月初，它不顾中国政府的抗议，把军队开进山东，占领胶州和济南，攻陷青岛要塞。同时，其海军则向德属南太平洋群岛发动进攻，占领了马绍尔群岛、加罗林群岛等。日本认为应加速解决对华问题，如果到世界大战结束，英、法、美的联合力量将会妨碍自己在中国的扩张。因此，1915年1月，日本政府向中国提出了"二十一条"要求，并于5月发出最后通牒。在强大的压力下，袁世凯政府终于接受了空前丧权辱国的二十一个条件，内容包括：承认日本继承德国在山东的所有权益，并加以扩大；延长旅顺、大连的租借期及南满、安奉两铁路的期限为九十九年，并承认日本在"南满"及内蒙古东部的特权；汉冶萍公司设为中日合办，附近矿山不准公司以外的人开采；中国沿海港湾与岛屿不得租借或割让给其他国家；中国政府聘请日本人为政治、财政、军事顾问，等等。按照这些条件，中国将成为日本的附属国。只是由于中国人民的坚决反对，日本帝国主义的侵略要求才未能实现。在整整四年的大战期间，日本以很少的消耗攫取了许多权益。

  日本是亚洲国家中第一个挣脱殖民主义枷锁、取得独立自主地位的国家，以后却成为远东最主要的战争策源地，这是值得引以为戒的。甲午战争以后的几十年，日本长期侵略中国，穷兵黩武、咄咄逼人。它似乎节节胜利、步步成功，但依靠武力征服，多行不义，走上了军国主义的歧途，种下了失败的根由。直到1931年日本侵吞中国东北，1937年全面发动侵华战争，1941年突袭珍珠港，发动太平洋战争，不仅使中国和世界人民遭受巨大的灾难，也给日本人民带来悲惨的遭遇。此非中国与世界之福，亦非日本之福。结果，第二次世界大战中日本战败，经济崩溃，民穷财尽，发动侵略战争的日本战犯被送上了审判席，日本人民也深受战祸之苦，生活在水深火热之中。

日本民族是坚强而有志气的民族，败而不馁。虽然日本在少数统治者的误导下曾走入歧途，但仍能在战争的废墟上努力重建家园，治疗战争的创伤，迈步前进。第二次世界大战以后，日本抓住机遇，埋头建设，自立自强，终于出现了经济腾飞的奇迹，经过长期努力，成为全世界数一数二的经济大国。日本民族在失败以后迅速复兴的奋斗精神十分可贵，同时，我们又殷切地希望它记取从甲午战争以来的多次教训，根绝军国主义，以和平立国，以友谊待人，珍惜自己的发展成果，与远东和世界人民永远友好相处。

中国受害一百多年，历尽坎坷，备遭凌辱。在中国共产党的领导下经过长期的艰苦奋斗，1949年方能摆脱帝国主义、封建主义和官僚资本主义的压迫，建立中华人民共和国。几十年来的建设成就光辉灿烂，世所瞩目。中国国家实力增强，人民生活改善，国际地位提高。但今天我国尚处于社会主义初级阶段，要建设第一流的强大国家，还需要长时期的不懈努力。中日甲午战争的教训是：弱者必定挨打，失败者只能任人宰割，只有国家独立富强，才能保证人民的权利和幸福。甲午战争以来无数先烈流血牺牲，期盼国家的昌盛和民族的复兴，这一伟大的遗愿要由我们去奋斗实现。当前，经济建设正在蓬勃发展，必须抓住时机，解放思想，振奋精神，加快改革开放的步伐，增强国家实力，提高人民生活水平，根除腐败，早日把中国建成富强、民主、文明的社会主义现代化国家，并且与周边国家友好相处，防止侵略战争的发生，为世界和平做出更大的贡献。这是我们回顾和反思中日甲午战争所得出的主要结论。

中日甲午战争的历史教训

中日甲午战争对中国和日本的发展前途，对20世纪远东政治格局的形成影响甚为巨大。它给人们留下了深刻的历史教训。

中国原本是个封建大国，土地辽阔，人口众多，但发展停滞，遭到西方列强的侵略。两次鸦片战争以后，中国虽然也在推行洋务运动，向外国学习制造枪炮、舰艇，并引进机器、技术，开办工厂、矿山，修筑铁路，建设海军，但清政府政治腐败、思想保守，并无在世界潮流中竞争、自立的紧迫意识，只进行了微小枝节的变革，束缚生产力的规章制度并未被触动，改革步伐甚缓，成效甚微。

日本原来也是封建国家，也受过西方的侵略，但1868年"明治维新"后奋发图强、励精图治，全面学习西方，加速发展资本主义。它不仅建工厂、开矿山、筑铁路、造枪炮，而且在政治、经济、军事、教育各个领域进行改革，设立议会，制定宪法，实行义务兵役制，开展赋税改革，提倡"殖产兴业"，实施国民义务教育，社会面貌发生了重大变化，国力蒸蒸日上，逐步走上了资本主义近代化的道路。

日本对外奉行侵略扩张方针，把矛头首先指向朝鲜和中国，妄图征服亚洲乃至世界。它致力于加强军备，以中国为"假想敌"，在甲午战争爆发前的几年内，军费开支大幅度上升，约占每年预算总数的百分之三十。它整军尚武，时刻寻找适当的时机，逼中国决战，以求一战而胜，彻底打垮中国。

1894年朝鲜发生东学党事件，清政府应朝鲜政府的邀请派兵入朝。日本认为开战的机会已到，立即大规模出兵，与清军近地相逼，向中国寻衅，首先在成欢和丰岛海面向中国海陆军进攻。中国军队忍无可忍，自卫还击。1894年8月1日，中日两国正式开战。

清政府不顾形势危急，沉溺于安享太平的迷梦中，没有抵抗的准备和决心，寄幻想于列强的调停，故缺乏整体的战略部署，迁延贻误，坐失战机，被动受制。尽管前线的将领、士兵战斗英勇，但战败的结局仍然不可避免。陆军在朝鲜平壤失利之后，退过鸭绿江，日军穷追，战火烧到了中国东北境内；海军在大东沟一战之后，困守威海卫，不敢出动，完全失去了制海权，以后日军占领威海卫，中国海军四面受敌，全军覆没。前线军事吃紧之际，北京城内却笙歌沸天，正在庆祝慈禧太后的六十岁生日，清朝统治者的腐败、荒淫、麻木不仁导致了甲午战争的惨败。

甲午战败，清政府签订了《马关条约》，赔款白银二亿两，割让辽东半岛（后因俄、德、法三国干涉，日本退还辽东，索取赎辽费三千万两白银），还丧失了其他权利。这次战败，割地之痛、赔款之巨、条约之苛、屈辱之深是史无前例的。"从前，我们还只是被西方大国打败过，现在竟被东方的小国打败了。而且失败得那样惨，条约又订得那样苛刻，这是多么大的耻辱啊！"（吴玉章语）从此，中国民穷财尽、债台高筑，加深了半殖民地化，人民陷入更加深重的苦难之中。

中日甲午之战改变了远东国际力量的对比，日本一跃而为东亚强国，中国的实力大损，国际地位一落千丈。"人为刀俎，我为鱼肉"，帝国主义列强争先恐后，在中国抢夺权利，划分势力范围。德占胶州湾，以山东为势力范围；俄占旅顺，以东北为势力范围；英租借威海卫，扩展香港界址，并以长江流域为势力范围；法租广州湾，以西南为势力范围；日本以福建为势力范围。纷纭扰攘，大有瓜分中国之势。

中国人民不甘心被侵略、被瓜分。甲午战争以后，爱国主义浪潮汹涌澎湃，一浪高过一浪。变法和革命相继而起，戊戌维新、义和团运动、辛亥革命、五四运动，都是中国人民的奋力抗争，都是甲午战争刺激下救亡图存的探索。正是中国人民不屈不挠奋起斗争，正是爱国主义的高涨，制止了瓜分中国的罪恶之手，使得帝国主义没有也不可能灭亡中国。

中日甲午战争给人们留下了难以忘却的历史教训。

中国为什么被侵略？为什么失败？因为中国落后。在近代国际竞争的大潮中，中国步履蹒跚、行动迟缓，落在欧美和日本的后面，没有强大的经济和国防。封建主义的城堡抵挡不住资本主义的重炮快枪。"落后就要挨打"，甲午战争的失败，即由于此。中国在战败以后，割地赔款、丧权辱国，元气大伤，一蹶不振，难以集中力量发展经济和军事，更失去了自卫防御的能力。落后就要挨打，而挨打就更加落后，半殖民地半封建的旧中国即陷入这一历史的怪圈之中。故甲午战争以后，随之又有八国联军侵华，日俄在中国之战，日本掠夺山东、逼签"二十一条"，以后又有"九一八"事变、"七七"事变。日本帝国主义极度疯狂地侵略中国，近代中国的历史充满着屈辱、痛苦和灾难。

但是，物极必反，否极泰来。中国人民奋起反抗外国侵略，失败，斗争；再失败，再斗争，中国在曲折的道路上积蓄力量，锻炼自己，总结经验，摸索前进，终于找到了马克思列宁主义，并成立了中国共产党。在党的领导下，经过长期艰苦的战斗，摆脱了三座大山的压迫，建立了中华人民共和国，中国人民从此站起来了。

今天，国际国内形势与一百年前已迥然不同。我们有了强大的中国共产党和人民解放军，有了邓小平建设有中国特色社会主义理论的指导，正在现代化道路上迅速前进。回顾百年历史，更加激发起我们奋发努力、加快步伐建设社会主义的决心和信心。只有经济繁荣、文化昌盛、军事强大，中国才能免遭欺凌，才能为世界做出更大的贡献，才能告慰甲午战争以来无数为国为民流血捐躯的先烈！

甲午战争中，日本虽然是战胜国，但战争并没有给日本人民带来幸福和欢乐。日本统治者对外选择了侵略扩张的道路，对内必然加紧剥削和压迫人民。甲午战争取得胜利，日本统治者大发战争财，野心无限膨胀，更加疯狂地扩军备战。

1904年，日本又和俄国为争夺中国东北而大打出手，日本战胜，更加肆无忌惮地侵略中国。此后，占领东北，以至发动全面侵华战争，日本在军国主义的道路上越走越远，日本人民的负担更加沉重，生活更加痛苦。"多行不义必自毙"，日本军国主义在第二次世界大战中彻底失败，也把自己的国家拖向毁灭的边缘，日本人民深受侵略战争的毒害。

反思百年历史，应永远摒弃侵略扩张，清除军国主义的祸害，使战争悲剧不再重演。中日两国应相互尊重，和平共处，携手合作，世世代代永远友好下去，共同努力维护亚洲乃至世界的和平，这是中日甲午战争留给我们的宝贵教训。

从大清史角度看待刘铭传保台建台的意义

2005年10月12日，是台湾建省一百二十周年，也是刘铭传首任台湾巡抚一百二十周年。为什么这样一位历史人物会引起两岸学者日益浓厚的研究兴趣和关注，一而再、再而三地举行各种形式的学术活动来纪念他？这是因为从刘铭传所处的时代环境和担负的历史使命来看，他是"有大勋劳于国家者"（连横《台湾通史》"刘铭传列传"中的评语），在抵御外敌入侵、捍卫国家领土主权这一涉及国家民族根本利益的问题上毫不含糊，闻警即起，奉诏出山，临危受命，孤身渡台，在十分险恶的局势下，领导台湾军民进行了英勇卓绝的抗法保台战争。战后，台湾建省，他作为首任巡抚，又以极大的热情为台湾省的近代化建设殚精竭虑、呕心沥血，使台湾在省区规划、城市建设、交通、邮政、矿务、开发山区、整顿吏治、开辟财源、推行新式教育等各方面都取得了突飞猛进的成效，被一些史著誉为"台湾近代化事业的奠基人"，甚至"台湾近代化之父"。这些称谓，表达了海峡两岸人民对这样一位历史人物浓厚的怀念之情。我在十年前的研讨会上说过："刘铭传在中国近代史上是一位杰出的人物，是一位爱国将领、有远见的政治家，他对国家和民族做出了重大贡献。"现在看来，对刘铭传的这样一种定位和评价是基本准确的。

一、从大清史角度看待刘铭传的保台建台

在党中央、国务院的重视和支持下，我们正在开展重新纂修大型《清史》的工程。由于清朝是我国历史上的最后一个封建王朝，它的后期已经进入近代社会，对于当代社会有着直接的影响，我们在当代所面临的许多重大问题，如经济建设、政治改革、文化发展、中外交往、人口、宗教、民族、边疆、生态、城市化、地区发展不均衡等问题，都要追溯到清代才能了解其缘由。所以，《清史》的修纂，不仅是我们在 21 世纪的一个标志性文化工程，而且对于我国现阶段的社会主义现代化建设，有着极为重要的借鉴和参照价值。现在，大型《清史》工程的通纪、典志、传记、史表、图录，以及基础文献、译著等各个部类的子项目已经逐步分解、分配下去，正在有条不紊地进行。

那么，如何从宏观的角度认识和把握清代历史？美国有一位华裔史学家黄仁宇写过一部《中国大历史》，他讲的是中国上下五千年的宏观历史，影响比较大。我们要修纂的这部大型《清史》，资料浩瀚、事理纷繁，也应该有一个宏观的思路。我 2004 年 8 月在上海举行的"世界中国学论坛"上

曾经提出，要从三个视角认识清代历史的发展：第一个视角是从传统走向现代社会这样一个过程来看待，第二个视角可以从国内民族、地区和国家统一的高度来把握，第三个视角是从世界一体化进程这样一个角度来观察。

从第一个视角看，中国在经历了漫长的封建社会后，到清朝的康雍乾时期，它的综合国力可以说达到了一个鼎盛时期，出现了封建社会的最后一个盛世——康乾盛世。一个显著的例子就是乾隆时期中国有三亿人口，而当时全世界一共才有九亿人口，要养活这三亿人口，就需要生产大量的粮食。中国以农立国，在当时分散的小农耕作方式下，要做到丰衣足食很不容易，乾隆朝基本上做到了。乾隆本人是一个十分勤勉的皇帝，宵衣旰食，昼夜辛劳，他一生写了四万一千八百余首诗，相当大的一部分是有关气象、灾害和农业收成的。在当时，西方产业革命以前，欧洲国家也是靠手工劳作，也没有工厂制度和机器生产。中国和西方相比，生产差距不是很大，而且中国是大国，英、法都是小国。从中国国内生产总值来讲，应该说它的整个 GDP 接近于全欧洲的 GDP。也许正因如此，当英国派马戛尔尼来华时，乾隆才会说出"天朝物产丰盈，无所不有，原不借外夷货物以通有无"的话，并坚持实行闭关锁国政策。

尽管如此，中国也受到许多问题的困扰。一个就是人口多，人均生产少。当时中国人均耕地是三点五亩，而英国当时人均耕地折合成中国的亩则是十亩，是中国的近三倍。农村的富裕能够为工业化提供充分的资金、原料和广阔的市场。

再就是中国封建统治者在统治上坚持封建专制主义，而且闭关锁国，失去了向世界先进国家学习的机会。

因而自18世纪西方英、法诸国实行产业革命以后，中国经济就落后了，而且差距一步一步拉大，可以说是一落千丈。落后就要挨打，先后有过两次鸦片战争，中国可以说是被洋枪大炮轰出中世纪的。这时候中国的先进人士为了救国救民，想了各种办法进行富国强兵，于是有了洋务运动、戊戌变法、辛亥革命、五四运动，向西方学习，把西方国家的许多新事物一件一件地搬到中国。但是，中国长期的优势文化对外来事物有一种强烈的抗拒力量，形成一股极为强大的保守势力，所以在长时间内形成了"新学"和"旧学"、"中学"和"西学"之争，近代化进程十分缓慢。

从第二个视角看，中国多民族国家的形成和国家的统一这个基础是在清代奠定的。中国是个版图广阔、民族众多的国家，中原地区以汉族居多，人口多，有悠久的文明。周边地区有游牧民族、山地民族，从匈奴、鲜卑、突厥、契丹，到女真、蒙古，它们在历史上都曾经是组织良好、武力强大、具有勇武精神的民族。中国历史就是在多民族、各地区间的交往、斗争、融合、统一中前进的。到了清代，统一、融合的力量大大增强，尽管各民族、各地区之间也有很长时间的战争，但是到了乾隆以后，中国基本上形成了民族大家庭，民族的凝聚力大大增强，地区间的联系也大大加强。满族作为一个统治民族，它懂得要和汉族和睦相处，所以它努力学习汉文化。另外，满族作为一个少数民族，它又理解少数民族的要求，理解少数民族的心理，知道怎么尊重它们的风俗习惯，所以在统一中国以后，它是按照各个地区、各民族的特点，分别设立行政机构，这在中国历史上是没有的。清朝在东北和伊犁地区设立将军制度，在蒙古设立盟旗制度，在西藏设立噶厦制度，在维吾尔族地区沿袭以前的伯克制度，在西南少数民族地区改土归流，实行和内地一样的行政制度，所以它是因地制宜、一国多制，这是它非常成功的一方面。可以说中国历史到了清代，游牧民族和农耕民族之间长期的战争状态大大缓和，中国的民族团结和睦关系达到了史无前例的程度。所以清朝二百多年留下了一个非常重要的遗产，就是民族团结和我们版图的统一。因此近代以后，帝国主义入侵中国，尤其是从19世纪七八十年代起，我们国家面临着严重的边疆危机，新疆、台湾就在这时先后建省，这是当时的清政府回应列强瓜分觊觎的重大举措。中国并没有分崩离析，多民族的和睦相处、国家领土的不可侵犯，是我们民族凝聚力的一个重要标志。

  第三个视角是从世界一体化的角度，看待清代中国是如何融入这个一体化进程的。古代世界的几大文明板块之间是相互隔离、不相往来的。从哥伦布发现新大陆以后，各大洲之间的距离相对缩短了，全球逐步走向一体化。这个一体化的进程，在鸦片战争前的几个世纪里可以说是腥风血雨，充满了殖民侵略、战争、掠夺。殖民地国家为发达国家提供了大量资金、原料和廉价的劳动力，为西方国家的发展做出了很大的贡献和牺牲。随着清朝国力的衰落（衰落的重要原因之一就是闭关锁国），中国到鸦片战争时，国门也被迫打开，国人所要面对的是伴随着军舰、大炮滚滚而来的商品、资本输入，以及以对生产原料、廉价劳动力的掠夺等为特征的资本主义市场经济和生产方式，面对的是一个数千年来未有的"大变局"。我们这个民族要在这样一种世界一体化的进程中生存和发展下去，就必须奋起直追，向西方学习，也就是向侵略自己、掠夺自己的敌国学习，学习它们先进的文明。我们的近代化就是在这样一个特殊的历史背景下开始的，这里面有许多深刻、惨痛的教训。今天，我们提出缔造和平的世界环境，以保障中国和人类的安全。只有在和平的环境中，中国才能崛起，而中国的崛起也会增加保障世界和平的力度。我想这是我们在 21 世纪的一个重大课题，我们必须善于和世界各国相处，中国绝对不会重蹈清朝的覆辙，再回到那个闭关锁国的时代。

以上述三个视角作为切入点，我们再来考察刘铭传在台湾的活动，是不是可以在更为广阔的视野里得出更加深远的一些看法？结论是肯定的。

其一，中法战争爆发，法国方面意图以它的远东特遣舰队迅速占领台湾，夺取一两个港口"踞地为质"，作为向清政府讨价还价的筹码，台湾作为"东南锁匙、七省门户"的战略地位得到凸显。对法方的企图，清方的高级统帅如李鸿章、曾国荃等也都十分清楚，问题是，谁是最合适的台湾方面的军事统帅？一个重要的事实是：自 19 世纪 70 年代起，尤其是海防大讨论以来，李鸿章系统的淮军已经逐渐在东南沿海一带层层布防，成为国防军的主力。当时，直隶有周盛波、周盛传的盛军，山东有吴长庆的庆军（一度驰援朝鲜），浙江有刘秉璋的良军，广东有张树声的树军，广西有潘鼎新的鼎军，长江口的吴淞口和江阴炮台也都有淮军的开花炮队驻守。至于台湾，早在1874年日本军队入侵时，就有刘铭传旧部将领唐定奎率领六千五百名铭军将士前往驰防，有力地支持了钦差大臣沈葆桢的谈判。因而就全局的战略态势来讲，由刘铭传出任台湾防区的最高军事长官是最好的选择，以他的资历勋望，足可以与负责沿海各省防务的淮系大员相互援应，联络一气；同时，以他的军事才华和胆略，亦足以在台湾率领孤军奋战，独当一面。所以，当清政府下诏起复他时，他毫不犹豫地辞安就危，也就是谢绝了李鸿章要留帮办军务的好意，而是刻不容缓地奔赴台湾。这里面可能有他个人获取封疆大吏的功利目的，但从总体上看，他的这一举动是符合清政府保卫台湾、捍卫国家领土完整的战略意图的。后来，他在台湾采取"拖"的方式，坚持持久战，想方设法拖住法国远东舰队司令孤拔部队的主力，使其不能北上；并且在岛内努力争取做到军民合作、湘淮合作，是很有大局意识的。

其二，台湾建省后，百废待举。刘铭传"思以一岛基国富强"，而且要为全国"树之范"，也就是要把台湾建设成为近代化的样板省，作为全国的典范。因为在大陆各省，保守势力过于强大、盘根错节，牵一发而动全局，实行新政改革的阻力重重；而台湾虽然经济基础差一些，但改革的阻力相对也小，容易做出成绩。加上他本人出身下层，没有科举功名，反而较少受封建正统思想的束缚，在行动上有着"敢为天下先"的创新意识，并且一旦确认目标，就毫不犹豫地付诸实施，也不在乎自己头上的顶戴乌纱。这在晚清社会近代化的进程中，在他这一辈的地方大员中，是极为难能可贵的。

其三，他在台湾的防务问题上也是只争朝夕。中法战争后，他把加强台湾防务的重点集中在北部，在台北、基隆、淡水以及澎湖列岛都修建了许多新式炮台，一个重要目的就是防御野心勃勃的日本军国主义侵略势力。他曾经登上基隆炮台，遥望东北的日本方向，激励部下说，我们再不抓紧建设好台防，不出十年，就要成为对方的俘虏。这都说明，他是一个深明国家民族大义的杰出政治家，是胸怀全局、具有远见卓识的战略家。正因为如此，我们海峡两岸的人民才会不断以各种方式缅怀他、纪念他。

二、刘铭传保台建台业绩
所彰显的是一段两岸同根的历史

1985年召开第一次刘铭传学术研讨会，当时还只有大陆学者参加，会议讨论本着实事求是、解放思想的精神，把历史上一直将刘氏作为淮军干将，是追随李鸿章镇压太平军、捻军的刽子手的形象推翻了，认为他可以被归入近代爱国者的行列，为保卫和建设台湾出了力。这可以说是一次学术上的拨乱反正。十年以后，随着研究视野进一步拓展和两岸学术交流的蓬勃开展，在1995年举行的第二次刘铭传学术研讨会上，来自海峡两岸的与会学者围绕刘铭传领导的抗法保台战争、刘铭传抚台期间台湾的近代化建设、刘铭传与晚清集团人物关系研究、刘铭传的历史定位四个方面展开热烈讨论，充分肯定刘铭传的历史功绩，用大量无可辩驳的史实批驳了"台独"分子鼓吹的"台湾的近代化始自于'日据时期'的日本殖民总督后藤新平"的谬论，一致认定：刘铭传是一位杰出的爱国将领、有远见的政治家、台湾近代化建设的奠基人，他维护祖国领土的统一和完整、保卫台湾和建设台湾，对国家和民族做出了重大贡献。这就使得我们对刘铭传的认识达到了一次飞跃和提升。

但是这仍然还不够。我翻阅过前两次会议的论文集，对于刘铭传抗法保台的战略战术、他在建省过程和台湾近代化建设各项事业中所取得的各项成就，都已经有了许多详尽的论述，但是大多侧重于刘铭传个人事业的功绩的评述。现在又是十年过去了，在新的时代条件下，我们又能有哪些新的发现和新的结论？首要的前提当然是从材料出发，我们在即将完成的新编《李鸿章全集》里，看到了李鸿章关于刘铭传抗法保台的各类往来电稿二百多封，内容涉及保台战略战术、后勤补给、通信联络等各个方面，充分反映了李鸿章对于老部下身处孤危绝境的关切之情。在《翁同龢集》里，可以看到身为户部尚书的他，是如何竭力撙节筹措，为台湾办防和建省初期的协饷经费多方设法。我们也知道，在第一次海防大讨论中与李鸿章意见相左的左宗棠，在中法战争后期以钦差大臣回到福建前线督办军务，他临终前的奏折是极力主张清政府"大治水师"，并将台湾改建为行省。他的老部下杨昌濬在闽浙总督任上，不分湘淮畛域，慨然向台湾新省每年提供协饷四十四万两。另外一位清流名臣张之洞，也对台湾的抗法战争进行了实际的支持。这些人都是当时朝中的一等重臣。我们再从李鸿章的奏稿里可以看到李鸿章为龚照瑗、邵友濂这两位在上海为台湾转运军械兵员出了大力的道员的请功折；从怡和洋行的档案里可以看到另一位道员盛宣怀是如何为刘铭传筹款并通报军情的；从淮军文献周盛波、周盛传兄弟的手札里，可以看到他们是如何向刘铭传提供军援、引荐人才的。整个中法战争期间，吴宏洛、聂士成、王诗正等各路湘淮援军及其军械粮饷，在沿海苏、浙、闽、粤渔民冒死突破法军封锁线的护送下，源源不断地抵达台湾。在基隆、沪尾保卫战的战场上，一共有一千六百多名湘淮军将士血洒疆场，牺牲在保卫祖国的最前线。

这一切都说明，在当时外敌入侵的严峻形势下，无论洋务清流、湘系淮系，也无论上官下吏、平民百姓，他们对于祖国宝岛台湾的兴亡安危所表现出来的极度关切和血浓于水的骨肉同胞之情，是刘铭传能够面对强敌浴血奋战、呕心沥血建设台湾的不竭动力。站在刘铭传身后的，是整个祖国。刘铭传保台建台业绩所彰显的，正是这样一段两岸同根的历史。

三、学习先贤刘铭传，为促进祖国统一大业而努力

这次会上，李家泉先生提供了一篇很有新意的文章，他说，刘铭传是一个真正称得上"爱台湾"的人。他的文章写得好，很有现实意义。每一位研读过刘铭传在台湾那段历史的人，都会深有同感。刘铭传奉诏出山，不顾个人安危冒险渡台，他是为了完成朝廷赋予他的使命。在他的眼里，朝廷即是国家，他是为了国家而战，去了就要准备捐躯，就要有必死的决心。勇者无惧，时刻准备用自己的生命保卫台湾的人，才是真正地爱台湾。

刘铭传在台湾七年，为台湾做了那么多有益的事，而他自己临离开台湾时，却孑然一身，除了一副沉重的病躯，什么也没带走。他把自己的养廉银、朝廷因其战功颁赐的赏银和在台湾多年的积蓄都捐了出来，帮助修建了学堂，希望台湾的孩子、我们民族的下一代，能够接受更好的教育，为台湾的长远发展培植人才。这是一种何等高尚的境界！我们常说，刘铭传一生事业最辉煌的时刻在台湾。这不仅仅表现在他的战功、他的政绩上，更在于他真正把自己的生命和全部精神追求与台湾融为了一体。台湾就是他的家园，在他身上爱祖国和爱台湾得到了高度统一。

百年功过论戊戌

一百年前的戊戌年（1898），北京发生了一场旨在图强御侮的变法运动，史称"戊戌变法"。

自从甲午战争中国战败之后，日本逼迫中国签订丧权辱国的《马关条约》，清政府被迫赔巨款、割台湾、开商埠，利权进一步丧失。从此，帝国主义列强对中国的侵略更为加紧，各自割据势力范围，抢夺铁路修筑权、矿山开采权，企图瓜分中国。中国有志之士目睹国家艰危，无不义愤填膺，奔走呼号，探索自救之道。1895年，康有为等赴北京应试的来自全国各地的举人上书清廷，反对《马关条约》，要求迁都，实行变法，继续抵抗日本，是为"公车上书"，开变法运动之先河。继之，维新派以变法救亡为号召，在各地建学堂、开报馆、设学会、译书籍，以求中国之进步。维新变法思潮，汹涌激荡，不可遏止。一部分上层统治者，包括光绪皇帝和翁同龢，在外患日亟的刺激下也倾向于变法，起用康有为、梁启超、谭嗣同等维新人士。1898年6月11日，光绪帝颁布《明定国是》诏书，申明变法的决心，并斥责守旧大臣：

> 托于老成忧国，以为旧章必应墨守，新法必当摈除，众喙哓哓，空言无补。试问今日时局如此，国势如此，若仍以不练之兵，有限之饷，士无实学，工无良师，强弱相形，贫富悬绝，岂真能制梃以挞坚甲利兵乎？

自此日起，光绪帝在维新派的辅佐下，屡颁谕旨，推行新政。至9月21日慈禧太后发动政变，变法失败，共一百零三天，史称"百日维新"。"百日维新"期间，颁布的新政大约有：开制度局以统筹全局；诏举经济特科；命官员保举新政人才；设中国银行、农工商总局以振兴实业；设立矿务铁路总局，催办京汉铁路及粤汉、沪宁铁路；创办京师大学堂，各省设立大、中、小学堂，命选派学生赴外国游学；设译书局以翻译西书；用新法练陆军、习洋操；裁撤衙门以减省冗员；各部删订则例，以求办事简便有实效；鼓励士民上书言事；等等。但以慈禧太后为首的守旧派反对变法，9月21日，慈禧从颐和园回宫，囚禁光绪，夺取权力，康有为、梁启超逃亡，谭嗣同、杨锐、林旭、刘光第、杨深秀、康广仁"戊戌六君子"被捕遇害。一大批支持变法的官吏、知识分子，或被罢官，或被流放，或被拘禁，戊戌变法如昙花一现，归于失败。

中国本来是个封建国家，经济上是自给自足的封建小农经济，政治上是绝对的封建君主专制统治，文化教育上崇尚儒家的纲常伦理，实行科举八股的教育考试制度。这样的国家和英、法等正在飞速发展的资本主义近代国家完全不同，已大大落后于英、法。"落后就要挨打",因此,从鸦片战争以来,中国在抵抗外国侵略的战争中屡战屡败。事实证明:传统的封建制度在近代世界已不能生存下去。洋务派已认识到外国的先进性,故而用西法制炮、造船,开工厂、筑铁路,但洋务派不想根本改变旧制度,只在器物层面学习西方的长处,以补苴中国的旧制度,无意把中国变成一个摆脱封建制度的近代国家,这就是"中学为体,西学为用"的实际含义。戊戌维新派的先进之处在于认识到器物层面的某些改变不可能挽救中国,必须从根本制度上进行改革,把传统的封建专制的农业国改变为近代君主立宪的工业国,以拯救中国的危亡。所以,维新派主张"大变""速变""全变",大大突破了洋务派认可的变革范围。因此,维新派的主张不仅为守旧派所反对,也为李鸿章、张之洞等洋务派所不容。守旧派与洋务派勾结起来,共同扼杀了戊戌变法。

戊戌变法已经过去一个世纪,百年沧桑,神州巨变。戊戌变法以后十三年,即1911年,爆发了辛亥革命,推翻了清王朝,埋葬了延续了两千多年的封建君主专制制度。戊戌变法以后半个多世纪,民主革命获得胜利。帝国主义和封建主义在中国的统治被推翻,成立了中华人民共和国。戊戌变法以后一百年,中国人民在邓小平理论的指导下正意气风发地建设有中国特色社会主义。抚今追昔,感奋实深。回顾百年前的戊戌变法,它的历史贡献在哪里?它的局限性又在哪里?

第一,戊戌变法的贡献在于政治上要求改变封建君主专制制度,建立近代的君主立宪国家。在封建专制制度下,君临万民，独揽一切，权力不容分割，不受制约，排斥了人民大众参政议政的权利，是造成不公正、不平等以及暴政、动乱、腐败的根源。戊戌时代的维新派强烈要求改变专制制度，他们借用了法国启蒙思想家卢梭的"民约论"思想。谭嗣同在《仁学》一书中说："生民之初，本无所谓君臣，则皆民也。民不能相治，亦不暇治，于是共举一民为君……夫曰共举之，则因有民而后有君；君末也，民本也，天下无有因末而累及本者，亦岂可因君而累及民哉？夫曰共举之，则必可共废之。君也者，为民办事者也；臣也者，助办民事者也……事不办而易其人，亦天下之通义也。"原来巍巍在上、发号施令的"天子"不过是老百姓"共举"出来办事的，办不好事，还可以"共废之"。这样一来，几千年相传的专制皇帝神圣不可侵犯的神话被戳穿了，这在当时是十分大胆而新颖的见解，而且他尽情揭露了君主制度下的悲惨现实，直斥如"此黑暗地狱，直无一法一政足备记录，徒滋人愤懑而已"。欧榘甲的《论大地各国变法皆由民起》指出，专制制度是中国贫弱落后的根源。因为在专制统治下，君与民、官与民之间存在着不可调和的矛盾，人民"屏息潜伏不敢轻议国事以触文法……其民之气既散，益块然干槁，安于醉生梦死"，"外患猝至，乃如摧枯拉朽，莫能御矣"。按照维新派的说法，只有召开"议会"，实行"立宪"，使专制君主的权力有所制约，才能解"生民于倒悬之危，置国家于磐石之安"。

尽管君主立宪的主张客观上只能为新兴的中国资产阶级分享政权开辟道路，并不能真正挽救中国，但维新派力争制约君主的权力，摆脱专制主义的束缚，这是有重大意义的进步。人们只有不再相信君权的神圣，从专制君权中解放出来，才有可能继续前进，走上推翻君主的革命道路。所以，戊戌时代这一思想解放为许多知识分子的进一步革命化创造了条件。

第二，戊戌变法的贡献还在于经济上倡导民营企业，为民族资本主义的发展开辟了道路。洋务运动中，中国已出现了工厂、矿山、铁路等近代企业，但数量较少，而且大多是官办、官督商办、官商合办，都要挂上"官"的招牌，民营企业则得不到保护。1890年，台湾巡抚刘铭传因基隆煤矿亏损累累，上奏清廷，请求将煤矿改为商办，清廷不准。守旧大臣驳斥道："民有权，上无权矣。"刘铭传被交部议处。

戊戌变法期间，光绪帝采取完全不同的态度，"百日维新"的第一天即下谕各省设立商务局。光绪帝采纳御史王鹏运"请于各省会设立商务局，由各商公举殷实稳健、素有声望之绅商，派充局董，驻局办事"，"毋庸设大臣督办"的意见；以后两次谕令刘坤一、张之洞在上海、汉口试办商务局，创立商会，这是提倡创建摆脱官方约束的民间组织和企业；又鼓励士民著作新书，创行新法，制造新器，准许给予专利，甚至民间可以"兴造枪炮各厂"，"著照军功之例，给予特赏，以昭激劝"（五月十七日上谕）。连枪炮厂都许民间设立，其他民营企业更不在话下了。又鼓励商人张振勋、吴懋鼎开办烟台酿酒厂和天津呢绒厂，命地方官"体察商情，尽力保护"（五月二十六日上谕）。后来又在北京设立农工商局，命各省设分局,"分别制造,以扩利权,而资民用"。这一系列保护和鼓励民间工商业的谕旨,虽由于守旧派的阻挠大多未能实现,但民营企业的合法地位已不可动摇,对于私人创办工商业起了极大的鼓舞作用。故戊戌变法以后,中国资本主义有了初步发展。洋务运动期间创办的近代企业中,官办、官督商办、官商合办的企业多达百分之八十以上;而戊戌变法前后三年(1897—1899)中,中国创办的厂矿五十四个,资本额六百二十一万元,其中商办占百分之七十,民间企业已成为工商业的主流。

第三,戊戌变法的贡献还在于"百日维新"期间废止了八股文,改革了科举制,提倡学习西方,实行近代的教育制度,兴建近代的文化设施,如开学堂、设报馆、立学会等。维新派非常重视人才的教育。康有为说:"欲任天下事,开中国之新世界,莫亟于教育。"[①]梁启超说:"变化之本,在育人才;人才之兴,在开学校;学校之立,在变科举。"[②]

科举制和八股文是禁锢心智、脱离现实的典型。知识分子只读古代的儒家经典,按固定的格式写文章,就可得到高官厚禄。维新派对此做了猛烈抨击。严复说:"八股取士,使天下消磨岁月于无用之地,堕坏志节于冥昧之中,长人虚骄,昏人神智,上不足以辅国家,下不足以资事蓄。"在变法期间,类似这种抨击科举八股的尖锐言论俯拾皆是。

维新派在反对科举八股的同时,又提出讲求西学、学以

---

① 梁启超:《康有为传》。
② 梁启超:《论变法不知本原之害》。

致用的主张。他们在教育文化方面，一是主张开办新式学堂。光绪帝在《明定国是》中特别提出："京师大学堂为各行省之倡，尤应首先举办。"并令各地筹设大、中、小学堂和各类专业学堂。二是科举不用八股文，改试策论。"嗣后一切考试，均以讲求实学实效为主，不得凭楷法之优劣为高下"（六月初一日上谕），并开设经济特科。三是鼓励创办报纸。谕改《时务报》为官报，派康有为督办其事。"各报体例，自应以胪陈利弊、开广见闻为主，中外时事，均许据实昌言，不必意存忌讳。"（六月初八日谕）此外还鼓励译书，选派出国留学生，许士民上书言事，开放舆论。在朝廷的大力倡导下，社会风气日新，学堂、报馆、学会纷纷创立，如雨后春笋，一发而不可阻遏。戊戌变法后八年，延续一千多年的科举取士制度终于被废止，近代教育取代了传统的封建教育，报刊等大众媒介日益普及。

总之，一百年前的戊戌变法在政治上、经济上、文化教育上动摇或部分改变了封建制度的某些方面，为中国的近代化开辟了道路。当然，维新派有自身难以克服的局限性。他们在变法运动中表现得幼稚、脆弱、动摇、冲动、盲目乐观，反映了软弱性、妥协性和不成熟性，缺乏远大的规划、切实的行动，纸上谈兵，于事无济。许多应该做和必须做的事，他们想不到去做，或者不可能做、不愿意做。对于维新派当时的种种失误、缺点和短见，需要用阶级的和历史的方法分析，求得理解，而不可苛求前人。

戊戌变法时期，新旧力量对比悬殊，守旧势力尚很强大，而新兴资产阶级刚刚从旧社会的母腹中孕育诞生，非常稚嫩，不足以冲破旧势力的壁障。当年的维新志士们大多是青年知识分子，或为举人、秀才，或为中下级官吏，缺乏足够的地位、权力与声望，有感于国家的危急、人民的贫穷，他们怀抱救国安民的理想挺身而出，以天下为己任。那时还不可能走向民间去动员和组织人民群众，因而得不到社会的支援。那时也没有正确的、适合中国国情的理论、方针以指导变革主体。联系松散，意见分歧，力量薄弱。他们寄希望于光绪皇帝，以为只要说服皇帝本人，同意实行新政，"挟天子以令诸侯"，就可以冲破一切阻力。然而，他们低估了盘根错节的守旧势力。而守旧派，上有慈禧太后高高在上、专横揽权，下有枢廷诸臣、封疆大吏顽固不化、墨守成规。对光绪帝所下的"百日维新"诏谕，他们不执行、不办理，推诿拖延、束之高阁；对维新派人士则嫉恨怨妒、公开攻讦，势如水火。守旧派大权在握，不可动摇。故慈禧太后一声令下，光绪帝束手就擒，"戊戌六君子"坐待诛戮。变法维新的大厦突然倾倒，土崩瓦解。

　　戊戌变法是中国实行近代化的早期尝试。中国的近代化是长期、艰难、曲折、复杂的过程，会碰到许多艰难险阻，遭遇种种挫折失败，需要越过无数急流险滩。因此，需要有正确的、符合国情的指导理论，有克服众多困难的战略策略，有团结坚强、为之冲锋陷阵的改革群体，有支持改革的物质力量和社会基础。但是这一切，维新派均付阙如，戊戌变法是一场准备很不充分的政治运动。当年的维新派承担了一项自己难以胜任的任务。就像康广仁批评他的哥哥康有为所说："伯兄规模太广，志气太锐，包揽太多，同志太孤，举行太大。当此，排者、忌者、挤者、谤者，盈街塞巷，而上又无权，安能有成？"[①] 因此，戊戌变法的悲剧有其深刻的根源，是历史的必然。

一百年来，中国人民艰苦奋斗，取得了革命和建设的胜利。今天的中国已是独立而初步强大的国家，已经实现了戊戌时代维新志士们的理想。但中国仍处于社会主义初级阶段，近代化的道路仍很漫长，缅怀前贤，意气风发，我们将在邓小平理论的指导下，为建设有中国特色社会主义、实现国家的全面繁荣而努力奋斗。

---

① 《戊戌六君子遗集》，第6册。

揭秘光绪之死

在距今一百年的光绪三十四年（1908），名义上是清朝皇帝、实际上却被软禁在瀛台的光绪皇帝和统治中国近半个世纪之久的慈禧太后几乎同时死去。皇帝死于光绪三十四年十月二十一日酉时（下午五至七时），太后死于十月二十二日未时（下午一至三时），相距二十个小时左右。这正当八国联军攻入北京后的第八年，中国备受帝国主义的欺凌侮辱，国势岌危，民生凋敝，国将不国。光绪和慈禧几乎同时死亡，老百姓深感震惊、诧异、惶惑，有识之士担心：中国这艘千疮百孔的破舟会不会在惊涛骇浪中沉没？其命运如何？光绪和慈禧在政治上势不两立，矛盾尖锐，一个是三十八岁的中年，一个是七十四岁的老人，两人几乎同时死亡，这难道是偶然的巧合？其中是否有不可告人的阴谋？会不会是慈禧太后临死之前害怕光绪皇帝复出掌权、全翻历史的成案，故而谋杀了光绪？阴霾笼罩，疑云纷起。逃亡海外的保皇党人为光绪吊丧，大肆声讨慈禧太后和袁世凯，指责他们是谋害光绪的主犯，舆论讨伐，沸沸扬扬。但他们远在海外，并不清楚光绪是怎么死的，仅在两人的死亡时间上质疑，拿不出确凿的证据。国内人众也狐疑满腹，流言纷纷，清廷严加查禁，"奉旨著民政部、步军统领、各督抚悬赏购缉造言煽乱匪徒"①。宫廷事秘，"斧声烛影"，谁也不明真相，谁也不敢公开议论。胡思敬在《国闻备乘》中回忆当时的情形说：

> 德宗（光绪）先孝钦（慈禧）一日崩，天下事未有如是之巧。外间纷传李莲英与孝钦有密谋，予询问内廷人员，皆畏罪不敢言。

其实，在皇帝、太后死亡之前四年，即1904年（光绪三十年），早已有人预言到光绪先死。清朝外务部右侍郎伍廷芳对日本公使内田康哉透露光绪皇帝必定会死在慈禧太后之前。内田康哉问伍廷芳：当皇太后驾崩后皇上会如何？据《内田报告》记载："伍言道：亦如世间传闻，诚为清国忧心之事，万望无生此变。伍话中之意，皇太后驾崩诚为皇上身上祸起之时。今围绕皇太后之宫廷大臣，及监官等俱知太后驾崩即其终之时。于太后驾崩时，当会虑及自身安全而谋害皇上。此时，万望能以我守备兵救出皇帝。"②

慈禧死前必定会谋杀光绪，许多官员、太监对此心知肚明，但不敢说出。国内较早指出这一弑君阴谋的是长期陪侍

---

① 许宝蘅：《巢云簃日记》。
② 孔祥吉、村田雄二郎：《罕为人知的中日结盟及其他·绪论》，成都，巴蜀书社，2004。

光绪皇帝的翰林院侍读学士、起居注官恽毓鼎。他的工作是记录光绪的起居言行。在清朝灭亡以前,即宣统三年(1911)四月他已写成《崇陵传信录》,这是光绪帝的一本传记。其中说:

(光绪三十四年)十月初十日,上率百僚,晨贺太后万寿,起居注官应侍班,先集于来薰风门外,上步行自南海来,入德昌门,门罅未阖,侍班官窥见上正扶奄肩,以两足起落作势舒筋骨,为拜跪计。须臾忽奉懿旨:"皇帝卧病在床,免率百官行礼,辍侍班。"上闻之大恸。时太后病泄泻数日矣,有谮上者谓帝闻太后病,有喜色。太后怒曰:"我不能先尔死。"

这是恽毓鼎在光绪死前十一天所经历的事,所记慈禧的话和伍廷芳告知日本公使的话完全符合。十月初十日是慈禧的生日,光绪率领百官前往慈禧处探病与请安,从南海步行到德昌门,恽毓鼎随从,皇帝扶着太监的肩头,做身体起落的活动,以舒筋骨,可见身体尚健康正常;但太后不愿与皇帝见面,传谕竟说:光绪已有病卧床,不必再见面了。光绪听了大概很吃惊,话中包含杀机,是不祥之兆。这是武昌起义前半年多的记载。到了民国二年(1913)正月十七日,此时清朝已亡,言路已开,无所禁忌,恽毓鼎在日记中说道:"清之亡,虽为隆裕(按:即光绪的皇后,称隆裕太后。辛亥革命推翻清朝,批准发布退位诏书的是隆裕太后),而害先帝,立幼主,授载沣以重器,其祸实归于孝钦也。"[1]恽毓鼎直接指出了"害先帝"的是慈禧太后。民国以后,《崇陵传信录》传播甚广,慈禧谋害光绪之说得到佐证。越到后来,记事者日多,传闻更甚。如《方家园杂咏纪事》中说:"吾闻南斋翰林谭组庵,内伶教师田际云皆言,大变之前二日,尚见皇上步游水滨,意志活泼,证以他友所闻,亦大概如此。"尚书陆润庠曾为光绪请脉,对人说:"皇上本无病,即有病,亦肝郁耳!意稍顺当自愈,药何力焉。"[2]许多曾给光绪看过病的医生虽然认为光绪身体虚弱,常年生病吃药,但死前一段时间病情未见加重,身体尚属正常,并未突发急性致死的病症。其中名医屈桂庭说光绪死前三天"在床上乱滚","向我大叫肚子痛得了不得",且"面黑,舌焦黄","此系与前病绝少关系"。[3]晚清内务府大臣增崇的儿子回忆,他幼年时适逢光绪之丧,他父亲接到光绪死的消息,跟叔叔们说:"就是不对,前天,天子受次席总管内务大臣继禄所带的大夫请脉,没听说有什么事。""前天继禄请脉后说'带大夫的时候,上头还在外屋站着呢,可怎么这么快呢?'"一位叔父说:"这简直太可怕啦!"另一位叔父说:"这里头有什么事儿罢!""我父亲叹了口气,又摇头说:'这话咱们可说不清啦!'"[4]光

---

[1] 恽毓鼎:《恽毓鼎澄斋日记》(第2册),杭州,浙江古籍出版社,2004,第632页。
[2] 胡思敬:《国闻备乘》。
[3] 《诊治光绪帝秘记》。
[4] 《文史资料选辑》,第22辑,总122辑,北京,中国文史出版社,1991。

绪死后，穿戴入殓，一反常规，都由宫内太监一手包办，未让内务府插手。"光绪身故后，便是销声匿迹地移入宫中，甚至入殓之际究竟是什么样也无人能知其详，就连在内务府供职的我的父亲、叔父们都讳莫如深，避而不谈。"①

还有曾经陪侍慈禧太后、在宫中生活多年的德龄在《瀛台泣血记》中写道："万恶的李莲英眼看太后的寿命已经不久，自己的靠山快要发生问题了，便暗自着急起来，他想与其待光绪掌了权来和自己算账，不如还让自己先下手为好。经过几度的筹思，他的毒计便决定了。"据德龄所述，光绪之死就是在慈禧同意下李莲英下毒所致。德龄对慈禧很有好感，书中很多处赞扬慈禧。但德龄还是说："我竭力袒护老佛爷，可是对于她之经常虐待光绪，以及她谋害光绪性命的事，我却无法替她找出丝毫借口。"

新中国成立以后，溥仪从战犯变成了平民，写了一本《我的前半生》，其中说："我还听见一个叫李长安的老太监说起光绪之死的疑案。照他说，光绪在死的前一天还是好好的，只是因为用了一剂药就坏了。后来才知道这剂药是袁世凯使人送来的。"

这些人所说虽然在细节上有不同和矛盾之处，但都猜测或肯定光绪是被毒害致死的。凶手是谁？多数说是慈禧，也有人说是袁世凯或李莲英。提供证言的有长期陪侍光绪的起居注官恽毓鼎，有给光绪治病的医生，有内务府大臣的儿子，

---

① 《文史资料选辑》，第22辑，总122辑，北京，中国文史出版社，1991。

有光绪继承人宣统，有陪侍慈禧太后的德龄，还有早就预言了光绪之死的晚清高官伍廷芳。众口一词，都认为光绪被害而死，因此距今三十年之前，历史学界和社会上大多数人都相信此说。

20世纪80年代以后，事情发生了变化。清史研究更加重视清宫档案，档案数量汗牛充栋，涉及各个方面，其中有光绪病史的记录，积存甚多，保存相当完整。于是历史学家、档案学家、医学专家共同合作，仔细收集与研究光绪的脉案和药方，探索其一生的健康情况，得出了和上述情况截然相反的结论。他们认为光绪一生身体虚弱，百病丛生，久治不愈，尤其光绪三十四年（1908）之后，病情加重。他的去世属于正常死亡，并非慈禧等人谋杀，"光绪之死，既无中毒或伤害性的迹象，也没有突然性早亡的迹象，应该是属于正常的病亡"[①]。

专家们在详细研究分析了光绪的脉案之后，说光绪幼年即身体虚弱，大婚之前稍感风寒，必头疼体瘦，年仅十五六岁已弱不禁风，二十七八岁患耳鸣脑响，渐次加重，又长期遗精。平日因慈禧虐待，生活清苦。戊戌以后长期遭软禁，食不果腹、衣不暖身，御前所列菜肴虽多，但大多腐臭，不能进口，有时令御膳房添换一菜肴，必先奏知西太后，太后常常以俭德责之，光绪竟不敢言。瀛台涵元殿光绪居所年久失修，四处透风，隆冬天气并无炉火，寒冷已极。侍候光绪

[①]《揭开光绪帝猝死之谜》。

的老太监王商去和内务府大臣立山商量，立山也同情皇帝的处境，偷偷整修了涵元殿，糊好了涵元殿的窗户纸。不料慈禧闻知此事，怒责立山："看来你越来越能干了，会走好运了，明儿我派你去打扫瀛台"，吓得立山连掴自己耳光，连称"奴才该死"。义和团起时，慈禧大概以为立山会与光绪、外国人连通一起，竟把立山处死。

类似虐待光绪的情形很多。专家们认为慈禧的虐待使得光绪心情不舒畅，病体加重，以致死亡。专家们称："详考清宫医案，用现代医学的语言来说，光绪是受肺结核、肝脏、心脏、风湿等慢性病长期折磨，致使身体的免疫力严重缺失，酿成了多系统的疾病，最终造成心肺功能衰竭，合并急性感染而死亡。"[1] 也有专家说："光绪之死与慈禧之死，其间并无必然之联系。光绪帝之死按脉案记录之病理、病状分析，属于正常的疾病死亡。没有发现突发性的意外病变之可能。所谓他是被慈禧所毒害而死的议论，至少，在目前来说，尚没有可靠的史料依据。……他母子二人的接连死去……其实这不过是当时一种偶然的巧合，并没有什么值得可疑之处。"

另一位专家说："从光绪帝临死前的脉案及其亲书的《病原》来分析，其死因属于虚劳之病日久，五脏俱病，六腑皆损，阴阳两虚，气血双亏，终以阳散阴涸，出现阴阳离决而死。"[2]

1938年，易县的崇陵（光绪陵墓）被盗掘，尸体遗物暴露在外。1980年清理并重新封闭了崇陵，曾将光绪的遗骨做

---

[1] 冯伯祥：《清宫档案揭秘光绪之死》。
[2] 李秉新：《光绪猝死一案》。

过简单检测,当时没有先进的检测仪器,并没有发现有外伤的痕迹,亦无中毒表现。此次检测过程较简单,故只能以脉案做分析,光绪之死属于正常死亡,遂成定论。崇陵重新封闭时,光绪的若干头发、遗骨与衣服被保存在西陵文物管理处的库房内。

社会上虽有人提出了不同意见,但并没有更强有力的新证据。如《启功口述历史》中说:慈禧太后病痢,他的曾祖父(启功为清朝宗室,其曾祖父溥良为晚清礼部尚书)在太后住所外侍疾,"就在宣布西太后临死前,我曾祖父看见一个太监端着一个盖碗从乐寿堂出来,出于职责,就问这个太监端的是什么?太监答道:'是老佛爷赏给万岁爷的塌喇。'塌喇在满语中是酸奶的意思。当时光绪被软禁在中南海的瀛台,之前也从没有听说过他有什么急症大病,隆裕皇后也始终在慈禧这边忙活。但送后不久就由隆裕皇后的太监小德张(按:即张兰德)向太医院正堂宣布光绪皇帝驾崩了"。但由于对光绪的脉案进行了详细研究,大多数人相信光绪是正常死亡,所以启功先生这段证言未引起学术界和社会的重视。

进入21世纪,光绪之死的谜案又被提上日程。由中央电视台清史纪录片摄制组、清西陵文物管理处、中国原子能科学研究院反应堆工程研究设计所和北京市公安局法医检验鉴定中心共同合作,组成"清光绪帝死因"专题研究课题组,运用最先进的技术,采用最精密的仪器,对光绪遗体的头发、遗骨、衣服以及墓内外环境进行反复的检验和缜密的分析研究。该研究工作极为复杂艰难,研究时间长达五年之久。

由于崇陵已重新封闭，不可再开棺检验，且年代已久、检材不足，因此研究工作困难巨大。但课题组运用侦查破案的思维方式，根据信息的产生、传递、处理、还原、应用等原理，充分利用"中子活化""X射线荧光分析""原子荧光光度"和"液相色谱／原子吸收联用"等一系列现代专业技术手段，通过开展多项综合分析、模拟实验、双向推理、多维论证等多项工作，对西陵保存的光绪头发、衣服、遗骨进行检测和研究，最终破解了光绪帝死亡之谜。

在研究分析中，为准确检测和推断光绪帝死时体内微量元素的情况，研究人员将光绪帝的头发清洗晾干，再剪切成一厘米长的若干截段分别测试，结果发现，光绪帝的两缕头发截段中含有高浓度的元素砷（As），其最高含砷量为两千四百零四微克／克，远高于正常人头发的含砷量零点二五至一微克／克，且各截段含量差异很大。砷在自然界分布很广，多以硫化物和氧化物形式存在，主要有雄黄（二硫化二砷）、雌黄（三硫化二砷）、砒霜（三氧化二砷）等，其中砒霜（三氧化二砷）是剧毒的砷化合物。

为验证光绪帝的头发砷含量是否确属异常，研究人员分别提取了隆裕皇后、一清代草料官及当代人的头发样本进行同时代、同环境、同性别发砷测试，结果证实，光绪帝的几处头发截段中最高砷含量不仅远远高于当代人样本，也分别是隆裕皇后的二百六十一倍和清代草料官的一百三十二倍。为验证光绪帝头发中的异常砷含量是否因长期服用中药雄黄等而导致慢性砷化物中毒所造成，研究人员又将其与当代慢性砷化物中毒的人进行了发砷对比实验，结果显示，光绪帝的头发上最高含砷量是慢性中毒患者最高含量的六十六倍，且砷分布曲线与慢性砷化物中毒者的砷分布曲线完全不同。由此证实：光绪帝头发中的高含量砷既属异常现象，又非自身服药引起慢性砷化物中毒而成。

那么，光绪帝头发中的高含量砷究竟从何而来？为弄清这一问题，研究人员首先进行了光绪棺椁内外等环境取样与砷元素含量检测，检验结果：光绪帝头发中的最高砷含量是其棺椁内帷幔、碎屑等物品最高砷含量的八十三倍，是墓内外环境样品包括棺椁盖上土最高砷含量的九十七倍，环境样品中的砷含量远低于光绪帝头发上的砷含量。由此，环境污染的可能被排除。接着，研究者又进行了含砷物质浸泡模拟实验，结果发现，外界的砷化合物不经过自身机体代谢，也可以吸附、渗透到头发内。由此推测，光绪帝头发中的高含量砷是由光绪身体内含有高浓度砷的物质沾染所形成。随着研究工作的逐步拓展与推进，在排除了周围环境物质的沾染后，各种研究数据把光绪帝头发上的大量砷元素的唯一来源锁定在光绪帝腐败的尸体。

光绪尸体是否是沾染其头发的砷的唯一来源？如果是，那高浓度砷化物是什么？这些高浓度砷主要存贮于尸体何处？其化合物种类和总量是多少？是否能致其死亡？为搞清这些问题，研究人员决定扩大检测分析范围，并依照法医工作规范取样检验。首先，对光绪头发上沾染的残渣物进行了重新检测，检测结果是残渣物的砷含量高于头发。由此，进一步证明了含高浓度砷的残渣物是头发高含量砷的来源。其次，对提取的光绪帝的遗骨进行了表面附着物的刮取与检测，结果表明，其中两块遗骨（一块肩胛骨和一块脊骨）表面沾染了大量的砷，说明这些砷确实来源于腐败的尸体。最后，对光绪帝的随葬衣物进行了全面、系统的砷的分布的检验。光绪帝的送检衣物共有五件，包括四件上衣（或外衣）、一条裤子。由于年代已久，五件衣物除龙袍保存状态尚为良好外，其余三件内衣均已严重腐烂。根据尸体腐败对穿着衣物侵蚀由内向外会逐步减轻的一般规律，研究人员依次推定出四件上衣由内到外的穿着顺序。随后依照物质吸附和信息转换还原原理，对接近光绪帝尸体特殊部位的衣物分别取样，进行了砷的分布的检验。

检测数据结果表明：从同一件内衣来看，每件衣物的胃区部位、系带和领肩部位的含砷量都高于其他部位；从穿着层次看，里层衣物的含砷量大大高于外层；从尸体的特殊部位看，衣物掉落下来的残渣（胃肠内容物）的砷含量极高。这说明，大量的砷化合物曾存留于光绪帝尸体的胃腹内，并在尸体腐败过程中由里向外侵蚀衣物，由此造成胃区、腹区部位衣物上的高含砷量。

随着研究工作的推进，大量砷化物曾在光绪帝体内贮存已被实验所证实，但具体是何种砷化物以及其总量是多少还尚不明确。砷化物不同种类具有不同的毒性，总量又关系到能否致人中毒死亡。因此，研究人员又对光绪帝发中高含量砷的砷种态（即砷价态或形态）进行了分析，采用液相色谱／原子吸收光谱联用分析法研究不同种态砷的比例关系，结合进行动物小鼠模拟实验，以判定可能导致光绪帝中毒死亡的砷化合物种类。同时，通过衣物、头发、附着残渣等对光绪帝尸体中的砷化合物总量进行了仔细测算。

实验结果表明：光绪帝摄入的砷化合物是剧毒的三氧化二砷即砒霜，而其腐败尸体仅沾染在部分衣物和头发上的砒霜总量就已高达约二百零一点五毫克。根据相关研究，人口服砒霜（三氧化二砷）六十至二百毫克就会中毒死亡。光绪帝摄入体内的砒霜总量明显大于致死量。至此，光绪帝死因终于破解，即光绪帝系砒霜中毒死亡。其胃区、腹区部位衣物上的砷是其含毒尸体腐败后直接侵蚀遗留所致，而其衣领部位及头发上的大量砷，则由其腐败尸体溢流侵蚀所致。

这次检测和研究的详情、方法、数据和结论由钟里满等十三位专家写成《清光绪帝死因研究工作报告》，结论是："光绪帝系砒霜中毒死亡。"此研究工作报告已公开发布。研究过程表明，这项工作走出了一条超常规之路，是运用现代科学技术和侦查思维解决历史问题的成功尝试，是自然科学研究与社会科学研究并肩合作的范例。研究结果也会对我国史学界和全社会发生重大影响。一百年前光绪和慈禧的死亡，预示了长达两千多年的中国专制帝制的崩塌。三年之后，武昌起义，孙中山领导的革命获得了胜利，建立了共和国，清王朝终于被推翻。光绪帝被毒害致死，百年之后得以确证，尘埃落定，真相大白。

本课题的主题是光绪是否被毒死，已得到答案。至于主要凶手是谁，尚可研究讨论。以当时的条件、环境而论，如果没有慈禧太后的主使、授意，谁也不敢、不能下手杀害光绪。慈禧蓄意谋杀光绪已非一日，早在戊戌变法后，就已酝酿废立与弑君阴谋。光绪二十四年（1898）八月初十日，太后再出训政后四天，即以光绪名义发布谕旨称："朕躬自四月以来，屡有不适，调治日久，尚无大效。京外如有精通医理之人，即著内外臣工切实保荐候旨，其现在外省者，即日驰送来京，毋稍延迟。"① 其实从四月以来，光绪正精神振作、意气风发，雷厉风行地进行"百日维新"，每天颁发许多诏谕，怎么会"屡有不适，调治日久，尚无大效"？这分明是假话，即使偶有小病，北京有太医院，何以立即通告全国，征请全国名医为光绪治病？这不过是慈禧怀着废立与弑君的心肠，在全国制造光绪病重的假象，以便有朝一日实现她的目的。慈禧玩弄的把戏当时许多人已洞若观火，因而有上海绅商经元善等一千二百人联名发电："请保护圣躬。"全国各地和海外华侨也纷纷反对。外国公使也关心光绪的安全，强硬要求由法国医生入宫为光绪看病。两江总督刘坤一说："君臣之分已定，中外之口难防"。社会上激烈的反对声浪阻止了慈禧阴谋的实施。

从官方档案众多的脉案、药方看，光绪确实体弱多病，但并非因病而死。对这些脉案、药方，也要谨慎从事，考察它是在什么环境、什么条件下形成的。

如江苏名医陈莲舫被征召入京，为光绪治病：

---

① 《德宗实录》，卷四百三十六。

叩头毕，跪于下，太后与皇帝对座，中置一矮几，皇帝面苍白不华，有倦容，头似发热，喉间有疮，形容瘦弱……故事，医官不得问病，太后乃代述病状，皇帝时时颔首，或说一二字以证实之。殿廷之上，惟闻太后语音，陈则以目视地，不敢仰首。闻太后命诊脉，陈则举手切帝脉，身仍跪地上，据言实茫然未知脉象，虚以手按之而已。诊毕，太后又缕述病情，言帝舌苔若何，口中喉中生疮如何，但既不能亲视，则亦姑妄听之而已。①

原来所谓看病如此而已！所谓"脉案"是依照慈禧所说记录在案，这样的"脉案"怎能确证光绪的真实情况？不久，陈莲舫因如此诊治需承担极大风险，向太监行贿，告老称病逃回了家乡。其他医生亦有类似回忆。内务府总管大臣增崇是带领众多医生入宫看病的官员，据他的儿子回忆：

从当时的情况看，无论太医或外省保荐的医士，给光绪请脉，都得依慈禧的脸色行事。凡干不长的，多半是违背了慈禧心意；干长的则是切合了慈禧的"需要"了。至于世人所能见到的光绪的脉案、处方究竟如何，不待言说。对于这些事，我父亲（按：指增崇）、

---

① 许指严：《十叶野闻》。

叔父们心中有数。我听得多了,也有些明白。①

还有当时著名诗人陈衍也说:

> 冬,西后与德宗先后一日崩殂。初,德宗久病未愈,征医各省,处方有效则后怒。②

总之,慈禧唯恐自己先死,光绪复出掌权,尽翻旧案,故而在全国求医问药多次,大造光绪病重的舆论,希望光绪因体弱多病而先死,在人间悄悄地消失。但事与愿违,偏偏自己先罹患重病,势将不起,故临终前令亲信下手毒死光绪。从检测结果与史料记载来看,这应是事实的真相。

---

① 《文史资料选辑》,第22辑,总122期。
② 《凌霄一士随笔》。

中国近代机器工业和旧式手工业的关系

中国的旧式手工业同鸦片战争以后产生的近代机器工业有没有联系？这是研究中国资本主义发展史时必然要碰到的一个问题。在这篇文章中打算对这个问题做初步的探讨。

明清之际的中国社会离资本主义还有一段漫长的路程，当时的手工业并不具备立即跨入机器生产的充足条件。甚至在以后大多数经济部门中，机器工厂也并不是由原有的手工工场直接发展起来的，而是由地主、官僚、商人投资新创的。虽然如此，中国近代机器工业的产生又不是完全同原有的手工业无关。中国封建社会末期社会经济和手工业生产所达到的水平，是中国近代机器工业产生的出发点和内在根据。离开了这个出发点和内在根据，近代机器工业的出现就会成为不可理解的事情。外国的侵略可以改变中国经济发展进程的方向和速度，但是不可能一刀斩断这个进程。中国近代机器工业某些特点的形成，可以而且必须从以往经济发展的情况中找到解释。

那么，近代机器工业同原有的手工业究竟存在什么样的联系？由于内部和外部原因的交错作用，情况是十分复杂的。大致有以下三种情况。

第一种情况是原有的手工业直接转化为机器工业，如缫丝业和某些初级加工业。这种情况是少数。

在某些行业中，原有的手工业已发展到较高水平，在鸦片战争以后又受到外力的刺激，如缫丝业。一方面缫丝机器传入中国，另一方面丝的出口需要迅速增长，这就为缫丝业的进一步发展提供了技术条件和市场条件，使手工缫丝率先跨入机器生产的阶段。1872年，陈启源在广东南海的简村设立继昌隆缫丝厂，开始使用蒸汽动力和传动装置。此后，新式缫丝工厂在南海、顺德等地迅速发展。1882年南海有机器缫丝厂十一家，1901年顺德有机器缫丝厂二百家。这些缫丝厂尽管规模很小，但发展快、数量多，犹如雨后春笋。为什么在南海和顺德很快冒出这样多的小型机器缫丝厂？原因在于，这里是历史上有名的产丝地区，本来就有发达的缫丝、织丝的手工业。据一个外国人1833年的记载，南海佛山镇附近受雇织丝的男女童工就有一万七千人。可见这个地区缫丝、织丝业具有相当发达的基础，那些小型机器缫丝厂正是在原有手工业的基础上发展起来的。没有原有的基础，就不会有日后机器缫丝厂的蓬勃发展，这是原来的手工业同近代机器工业直接联系的一个例子。

机器缫丝工业的出现是原有手工缫丝业的发展，同时又是对原有手工缫丝业的否定。机器缫丝的劳动生产率比手工缫丝提高大约十倍，它的产品称"厂丝"，比起手工生产的"七里丝"有很多优点。因此，机器缫丝出现之后，手工缫丝就进入了衰微的过程。从广州一地丝的出口数量来说，1882至1883年，共出口丝九千五百五十六担，其中七里丝占百分之八十七，厂丝和仿厂丝占百分之十三；1894至1895年，丝的出口总数达两万零三百三十八担，七里丝下降到只占百分之十，而厂丝和仿厂丝已占百分之九十。这是新工业从旧工业中发生并在否定旧工业中得到发展的一个辩证过程。

新的机器工业从旧的手工业中脱胎而出，当然在很多方面依然保留着旧的痕迹。广东的机器缫丝厂规模很小，资金很少，机器设备简单，它同手工工场是很相似的。如从19世纪80年代顺德的三十五家机器缫丝厂来看，合计只有资金一百零五万元，平均每厂资金只有三万元，而雇工却有一万七千三百人，平均每厂四百九十四人。这就是说，每投资约六十元就要雇用一个工人，它的资本有机构成是非常低的。每个工厂只有极少、极简单的机器设备，许多重要的操作过程仍是使用手工劳动。

广东缫丝业之所以能够从手工生产飞跃到机器生产，是因为缫丝在中国旧式手工业中是比较发达的一个行业，它在某些工序上进行的技术改革并不需要大量的资金和复杂的机器设备。中国手工缫丝业的基础同当时机器缫丝业发展水平之间的距离并不是很大，一般的手工工场就有可能跨越这段距离而跃升为小型的机器工厂。如果没有原来手工缫丝业的基础，那就不会有以后一大批小型机器缫丝厂的出现。而且，鸦片战争以后，帝国主义大肆掠夺中国的丝、茶，丝的出口数量连年激增，帝国主义也需要缫丝这一类加工工业为自己的掠夺性贸易服务。如果没有国外市场这个条件，那也就不会有机器缫丝厂的出现。这样，当内在的基础和外在的条件都已具备时，缫丝从手工生产到机器生产的飞跃就成为"水到渠成"的必然趋势。个别首先采用机器生产的手工业主大大提高了自己工厂的劳动生产率，提高了资本对劳动的剥削率，因而也大大增加了自己的利润。这就使得其他的资本家也不能不陆续地采用机器生产。马克思说："采用改良的生产方式的资本家，比同业其他的资本家，可以在一个劳动日中占有较大的部分作为剩余劳动了"[①]。资本家的活动是处在价值法则和竞争法则的支配下的。一旦内部和外部的条件都成熟，资本主义的客观法则便会强制地发挥作用，推动手工业向机器工业飞跃。

封建社会末期遗留下来的旧式手工业在帝国主义侵略下大多破产了，只有像缫丝一类少数的幸存者较早地跨入了机器生产阶段。机器缫丝业纵然一度繁荣，但它一开始就依赖外国市场，生丝贸易操纵在侵略者手里，他们抑勒丝价，予取予求，故而生丝的缫制就不能不寄人篱下，成为侵略者的附庸。它在发展前途上有着层出不穷的障碍，不可能有长足的进展。特别是在20世纪初，日本丝织业崛起，中国的机器缫丝业受到严重的打击。一直到抗日战争前夕，已有五六十年历史的广东机器缫丝业仍然停滞在陈旧落后的小型工业阶

---

① 马克思：《资本论》（第1卷），北京，人民出版社，1963，第336页。

段。

从手工业直接转化到机器工业的例子在其他行业中也是有的。如浙江宁波的通久轧花厂，原来是一个使用手摇机和足踏机的手工工场，1887年有人投资五万元，从日本购买了蒸汽机和新式轧花机，在旧工场的基础上建成了机器轧花厂。又如汉阳的周恒顺机器厂，在19世纪60年代只是一个小型的炉冶坊，甲午战争前后，该厂的资本家周仲宣在原有的基础上逐步扩充，采用了蒸汽机和现代翻砂技术，逐渐使它发展成一个近代化的工厂。不过，这类情况在甲午战争以前尚不多见，到了甲午战争以后，特别是进入20世纪以后才渐渐地普遍起来，如榨油业、碾米业、采矿业等。

第二种情况是原有的手工业没有直接转化为机器工业，但为机器工业的产生准备了条件。

中国旧式手工业直接向机器工业转化的道路是很狭窄的。这一方面是由于封建社会末期中国资本主义的萌芽尚未充分发展起来，旧式手工业的内在基础比较薄弱；另一方面是由于这种转化遇到了帝国主义、封建主义强大力量的阻挠。外国资本的竞争、排挤和并吞，反动政府的禁令干涉和苛捐杂税，各式各样的外部阻力处处压抑着新工业的产生和发展。不同时间、不同地区、不同行业、不同企业单位所碰到的外部阻力的大小并不一样。某些手工业虽然有比较好的基础，但是碰到的外部阻力很大，因此旧的手工业不能向机器工业直接转化，而进入迂回曲折的过渡阶段。这就是我们所要讲的手工业同机器工业之间联系的第二种情况，可以用航运和采矿业作为例子。

中国沿海的航运事业在很早就发展到了较高水平。鸦片战争以前,"沙""卫""宁""南"各个船帮拥有十多万船工和大量的船只、资金。[①]但在鸦片战争以后,旧船帮并没有直接转化成新式的轮船公司。这主要是因为来自帝国主义方面的阻力很大,英商怡和、太古和美商旗昌等轮船公司很早就垄断了中国的沿海航运,不允许中国商人插足其间。连得到清政府大力扶植的轮船招商局也无法同外资竞争,更不用说一般的商人了。在航运业中所碰到的外部阻力远比广东缫丝业中要大得多,因此旧式船帮不可能完成这个转化。

旧式船帮虽然没有完成转化,但它同新式轮船公司并不是绝无联系的。上海和广东的商人,包括沙船商在内,很早也有购置轮船、向新式航运业转变的意图和尝试,但是他们不敢用中国商人的名义,而是借用了外国洋行的招牌。李鸿章说:"各省在沪殷商,或置轮船,或挟资本,向各国装载贸易,俱依附洋商名下"[②],"近来华商附搭洋轮,亦有殷实沙户(按:指沙船帮商人)在内"[③]。像著名的买办唐廷枢、徐润等都有轮船往来于中国上海、香港和日本。

19世纪70年代初,轮船招商局成立,李鸿章就把那些

[①] "沙船"航行于东北、河北和江苏之间,此外航行至东南亚的船只亦泛称"沙船";"卫船"航行于江苏、山东各口岸;"宁船""南船"航行于长江以南的各海口。
[②] 《试办招商轮船局折》,《李文忠公奏稿》卷二十。《复何筱宋制军》,《李文忠公朋僚函稿》卷十二。
[③] 《试办招商轮船局折》,《李文忠公奏稿》卷二十。《复何筱宋制军》,《李文忠公朋僚函稿》卷十二。

依附于帝国主义的买办、商人拉到自己的身边。唐廷枢和徐润都当过轮船招商局的总办。招商局的发起人之一朱其昂就是一个出身于沙船帮的人物。李鸿章说："朱守自家即有沙船，其亲友更多。"[①] 通过朱其昂的关系，招商局所招的股金中即有一部分沙船帮的投资。在当时帝国主义和封建主义的阻挠下，旧式沙船帮根本不可能直接向新式轮船公司转化，它们必须找外国侵略者和封建大官僚作为靠山，这就形成了中国早期航运业史上"官督商办""中外合办"等畸形状况。

采矿业的情况也是如此。中国的旧式采矿本来是比较发达的，但是在19世纪旧式采矿业直接转化为新式采矿业的事例也很少，这主要是由于封建势力的阻挠。封建官绅说什么用机器开采矿藏会破坏"风水地脉"，他们尤其害怕用机器采矿，认为大量矿工聚集在一起，容易爆发大规模的起义反抗。如果三三两两的采矿者用土法进行小规模的采掘，地主阶级还可以勉强容忍；如果集股鸠资，用机器进行大规模采掘，地主阶级就千方百计地反对和破坏。郭嵩焘说："凡矿户自治其私，亦皆习而安之。一闻有集股开办，万目睽睽，必不能容，悉力倾之而后已。"[②] 在这样强大的阻力面前，一般小矿主当然不敢也不能采用新式采矿机器，旧式矿场也就难于向新式矿场转化，所以早期的机器采矿绝大多数是用清政府和大官僚的名义开设的。

[①] 《试办招商轮船局折》，《李文忠公奏稿》卷二十。《复何筱宋制军》，《李文忠公朋僚函稿》卷十二。

[②] 郭嵩焘：《养知书屋文集》卷十三，《与友人论仿行西法》。

由清政府和大官僚开设的新矿场虽然不是从旧式矿场直接转化而来，但是旧矿场在以下几个方面为新矿场准备了条件。

一是提供了矿址。采矿必须先行勘探，查明矿藏的地点、质量和丰富程度。中国开始用机器采矿的时候，根本没有什么勘探的准备。很多矿场主要是利用了旧的矿址，在旧矿井的附近，甚至就在旧矿井的基础上使用机器采掘。例如，福州船政局的用煤最初取给于台湾的小煤窑，后来船政局感到由自己直接用机器来采煤更加有利可图，于是索性吞并了许多小煤窑，投资购买机器，建立了中国第一个新式的大型煤矿——台湾基隆煤矿。另一个著名的新式大型煤矿——直隶开平煤矿，它是由李鸿章、唐廷枢等创办的，也同小煤窑有密切的关系。开平、唐山一带的小煤窑原来就很多。"该处煤井乃明代开起，遍地皆有旧址，现在开挖者亦有数十处"，"其煤井均系民业，已弃旧井，无不乐意出售"[①]。在官僚和资本家的巧取豪夺下，这些旧矿井都变成了开平煤矿的产业。开平的部分矿井就是利用旧井开凿的。其他很多新式矿场也同上述情形相似。

二是提供了技术和经验。新式矿场虽然在某些工序上采用了机器，但在其他更多方面却继承了旧矿场的技术和经验。这是因为早期的新式矿场资本很少，不可能购买大批机器，全面采用新技术，而且雇用旧矿场中技术熟练的矿工只须付

---

① 唐廷枢：《察勘开平煤铁矿务并呈条陈情形节略》。

给很低的工资。早期的新式矿场实际上只有一些用来排泄矿中积水的抽水机器（因为排水问题是旧式矿业解决不了的技术难题），在其他工序上宁肯接受土技术、土经验，采用手工操作，也不肯用高昂的代价去购买洋机器，聘请洋矿师。对矿业资本家来说，不管是洋技术还是土技术，最重要的是有利可图。有时候土法开采比机器开采能够带来更多的利润，资本家也不惜倒退一步，改用土法开采。① 可见新式矿场并不是把旧矿场的技术和经验一下子都抛弃了，而是在对旧技术、旧经验的否定和继承中发展了自己。

三是提供了资金。新式矿场开办时，资金短缺。有些旧式矿业主投资于新式矿场，或者拿旧矿场的生产资料折价入股。如山东峄县煤矿开设的时候，"望族绅耆，殷实行户，亦皆入资搭股"②，这里所说的"殷实行户"，大概包括当地的小煤窑主在内。又如热河的三山银矿原是一个土法采掘的旧矿场，后来被洋务派官僚并吞，改为机器开采。旧矿主所有的矿井、山场、房屋和木柴，折合白银1万两，作为旧矿主对于新矿的投资。

由此可见，在航运和采矿业中，旧的企业虽然没有或很少直接跃升到新式企业，但是旧企业在很多方面为新企业准备了条件，两者之间明显地存在着联系。

第三种情况是机器工业同原有的手工业之间很少有联

---

① 热河三山银矿，本来用机器开采，雇工五百余人，后来由徐润接办，改用土法，雇工三千人，所得利润超过机器开采时。参见《徐愚斋自叙年谱》。
② 朱采：《清芬阁集》卷八，《禀丁宫保峄县煤矿地方官禀陈失实》。

227

系，但机器工业的出现仍被整个中国社会发展的行程所决定。

早期工业中的纺织、炼钢、火柴、铁路等属于第三种情况，它们同旧式手工业之间没有或很少有联系。其中像火柴和铁路是帝国主义侵入中国以后新出现的行业，这些行业当然只能从头开始。

另外像纺织和炼钢业，也是这样。在封建社会末期，中国的棉纺织业还停留在家庭手工业阶段，炼钢作坊也陈旧落后，这些手工业的基础很薄弱，与经历了产业革命而大大发展的外国纺织厂、炼钢厂有天壤之别。一般手工业主不可能一步登天，把简陋的作坊、工场转变成规模庞大、技术先进的大纺织厂和大钢铁厂。恰恰相反，由于这些手工业和外国的大纺织、大钢铁厂生产同样的产品，推销于同一个市场，外国的机制商品很快就排挤了中国的手工制造品。因此，这些手工业所面临的不是进一步向大工业转化的问题，而是在外国竞争下滞销、破产、改组、歇业的问题。

尽管如此，这些手工业的滞销、破产、改组和歇业却又成为在这个行业中采用资本主义机器生产的契机。以棉纺织业为例，在中国封建社会里，棉纺织业是最主要的手工业部门之一，农耕和纺纱、织布密切地结合在一起，形成强固而停滞的自给自足经济体系，妨碍着纺织业的分工、独立和进步。鸦片战争以后，廉价的外国纱布被大量输入中国，手工纺织受到致命的打击。先是手工纺纱业被挤垮，农民和手工业者不得不放弃纺纱，购买洋纱来织布，之后是手工织布业遇到了危机，农民和手工业者又不得不放弃织布，购买洋布来做衣服。在外国资本的侵略下，耕、纺、织这三者强固地结合着的经济体系逐步地解体了。这个解体过程带来了亿万人民的贫困、饥饿和死亡，是中国农民和手工业者的一部辛酸血泪史，但却又使纺织业突破了自给自足体系的壁垒而取得了商品生产的性质。当自纺自织者不得不购买棉纱来织布或购买棉布来做衣服时，纺织业中的资本主义机器生产就具备了必要条件。资本主义产生、发展的过程就是农民和手工业者贫困、破产的过程。中国的第一批近代纺纱工厂就是在19世纪下半期农民和手工业者贫困、破产，不得不购买洋纱来织布的历史背景下建立起来的。在某种意义上说，手工纺织业仍然同近代纺织工业存在着内在联系。不过，近代纺织工厂不是从原有的手工纺织工场直接发展而来的，而是以手工纺织业的破产和改组作为前提而产生、发展的。

总之，观察鸦片战争以后中国经济的变迁状况，可以辨认出中国旧式手工业和近代机器工业的来龙去脉，两者之间存在着一定的联系。帝国主义的侵略是中国历史上前所未有的狂风暴雨，它严重地摧残了中国原有的手工业。但无论如何，它不可能完全阻塞中国经济发展的道路，也不可能完全割断中国经济前后的联系。中国近代工业有少数是从旧式手工业直接转化而来的，另一部分是凭借旧式手工业所提供的一些条件而建立的，还有一大部分是在旧式手工业破产的废墟上从头开始的。中国社会的经济基础以及在外国侵略下中国社会自身的变化，是产生中国近代机器工业的第一位原因。鸦片战争以后，处在剧烈变化中的中国社会既唤起了对近代机器工业的迫切需要，又提供了近代机器工业滋生的必要条件。如果没有中国社会自身的变化这个内部原因，那么外国的机器、技术即使再先进些，也不可能被接受，中国近代机器工业也就不会产生。

爱国、先进的改革家、思想家谭嗣同

谭嗣同是杰出的爱国主义者，先进的思想家、改革家，是为救国救民，为中国的独立、繁荣、富强而流血牺牲的伟大人物。在谭嗣同的思想、品质和行动中，有许多值得后人学习与继承发扬的东西。

谭嗣同是一位杰出的爱国主义者，反帝反封建的坚强战士。他生于同治四年（1865），比孙中山大一岁，比康有为小七岁。这时正是太平天国革命失败后一年，外国加紧侵略中国，强迫中国签订一系列不平等条约，清政府被迫赔款割地，丧失主权，中国逐步沦为半殖民地半封建社会。特别是中日甲午战争以后，中国面临被瓜分的危险，中国人民掀起了爱国主义热潮，希望挽救中国、振兴民族。谭嗣同是最杰出的一个。他怀抱对国家、对民族的热爱之心，痛恨帝国主义的侵略。他说甲午战败后，"经此创巨痛深，乃始屏弃一切，专精致思。当馈而忘食，即寝而累兴，绕屋彷徨，未知所出"。他具有中国知识分子的优良传统，"以天下为己任"，"先天下之忧而忧"，努力探索救国救民的真理。为了救国必须变法，必须反对封建主义。他激烈地反对封建专制政治，反对封建纲常伦理，要冲决罗网。他是19世纪中国反封建最坚决、最激进的战士。他说："二千年来之政，秦政也，皆大盗也；二千年来之学，荀学也，皆乡愿也。"他认为"君臣一伦，尤为黑暗否塞，无复人理"，控诉"数千年三纲五常之惨祸酷毒"，表达了"志士仁人求为陈涉、杨玄感，以供圣人之驱除，死无憾焉"的心声。他虽是维新派，却同情革命，呼唤革命，思想超越了维新派。他是大无畏的战士，坚定地反帝反封建，是中国近代的先知先觉，他的言论在当时沉沉黑夜中放射出耀眼光芒，照亮了后人继续前进的道路。梁启超说："其思想为吾人所不能达，其言论为吾人所不敢言。"

谭嗣同又是一位博学多才、知识丰富、中西贯通的学者和先进的思想家。他幼年熟读儒家经典，做过考据注疏，学诗、做对联，喜好野史兵法，骑马击剑，谈霸王经世之学，并研究数学和自然科学。他的老家在湖南浏阳，生长在北京，几次到大西北，到过江南，游历全国各地，读万卷书，行万里路。他有很扎实的传统学术基础，又努力汲取西方文化的精华，学习西方的社会科学、自然科学，形成知识广博、中西兼采的知识体系。这一点正是中国近代先进知识分子的特点。当时正是西方文化进入中国、中西文化冲突和交流的时代，绝大多数知识分子还抱着旧传统不放，顽固地拒绝西方自然科学和社会科学。谭嗣同受傅兰雅影响，大量阅读译书，如饥似渴、好学深思，用西方当时的"以太"概念解释仁学，用当时新的自然科学成就说明西学的先进性及学习西方的必要性，用卢梭的"民约论"思想说明君主和人民之关系，抨击封建专制制度。他可说是当时阅读译著、引用西学最多的思想家。《仁学》这本书就是中西兼通的著作。因当时处在向西方学习的早期，谭嗣同所学杂博而并不专精，这是不能苛求的。另外，他对封建学说的反对又有区别。如他反对荀学、反对程朱理学，因为这些是官方哲学，不反对这些学说，中国人就会被束缚在纲常伦理之中，就不能前进。但谭嗣同不反对孔子，他赞成太史公的论六家要旨，认为孔子是春秋时代的一家，孔子和各家都有贡献，但孔子的学说被后儒所歪曲。可见，他虽是很激进的思想家，但对中国的固有文化还能抱分析的态度，并不是全部否定。

  谭嗣同是一位政治改革家，是实干家。坐而言，起而行，言行一致。尤其是他为中国改革做出牺牲，无私无畏，为以后20世纪为国家、民族捐躯的无数先烈做了榜样。作为思想家的谭嗣同，其言论主张很精辟，惊世骇俗、振聋发聩。作为实干家，他风尘仆仆，创办了许多学会（算学社、湖南强学分会、测量学会、农学会、不缠足会、南学会、延年会、群萌学会等）、学堂（时务学堂、女学堂、致用学堂）、报纸（《湘学报》《矿学报》《湘报》），还办公司、行轮船、开矿山。在短短的几年中，做了很多实事、很多好事。他把全部精力、时间贡献给社会，谋求社会进步。1898年戊戌维新开始时，谭嗣同在长沙被保举进京，于8月21日到北京。因维新运动碰到阻力，推行不下去，谭嗣同去见袁世凯，想借重袁世凯的兵力进行改革，也是为了有利于国家、民族。

由于袁世凯告密，谭嗣同等"戊戌六君子"被处死，维新运动只进行了103天，而从谭嗣同进京到被捕只有三十六天。当顽固派举起屠刀时，谭嗣同毫不畏惧，这时还来得及躲避，他送梁启超到日本使馆，而自己却留了下来。他说："各国变法，无不从流血而成。今中国未闻有因变法而流血者，此国之所以不昌也。有之，请自嗣同始！"他的诗"我自横刀向天笑，去留肝胆两昆仑"成为千古传诵的绝唱，也鼓舞后继者为了祖国的独立、民主、富强赴汤蹈火，努力奋斗！

总之，谭嗣同的一生值得后人景仰和缅怀。他的思想值得研究，他的行动值得歌颂，他的爱国牺牲精神值得继承和发扬。

五四运动与传统文化

1919年,中国的天空满布阴霾。辛亥革命的胜利果实被窃取,袁世凯、段祺瑞等军阀势力统治着中国。日本帝国主义趁第一次世界大战之机,加紧侵华。封建主义的文化思想仍支配着神州大地,禁锢着人们的头脑。这时,一声春雷,爆发了五四运动,先进知识分子与青年学生率先点燃爱国救亡和思想启蒙的火炬,披荆斩棘,探寻救国救民的真理。他们如饥似渴地引进西方的各种理论、学说,批判儒学,反对旧礼教、旧八股,追求民主和科学,对几千年封建传统文化进行猛烈的抨击,开拓了中国革命文化发展的新纪元。

一、中国的传统文化

中国是个历史悠久、具有灿烂文明的国家。传统文化根深叶茂、源远流长,内涵十分丰富,既有精华,也有糟粕。中原地区在几千年之前进入农耕社会,自给自足的小农经济占优势,农民分散在广阔的土地上,辛勤劳动,备受地主阶级的剥削，虽有一定的社会分工与交换，但商品经济很不发达。在民族性格上，既有勤劳、朴实、坚韧的一面，也有保守、愚昧、散漫的一面。中国在政治上长期维持着封建大一统的局面，专制政府和官僚机构凌驾于民众之上，形成层层控制的严密结构。因此，中国古代文化留下了深刻的"官本位"烙印，政治与文化、帝统与道统密切结合。在古代士大夫身上存在着严重的依附性和不独立性，但在这统一的整体结构中，他们更多地关注集体的生存，培育了他们的参与意识、忧患意识、民族尊严感。中国盛行宗法家族制，家庭意识十分强烈，纲常伦理是天经地义的准则。这就形成了以家庭为细胞的强韧的民族凝聚力，发展了人际关系中敬老尊长、扶弱恤贫的美德，但同时也存在着违背人情的野蛮落后的父权、夫权观念。中国处在亚洲东部，东南面临汪洋大海，西北多沙漠草原，西南多高山密林，和世界上的其他文化中心相距较远。在生产力和运输能力尚不发达的古代，这一地理环境是与外部世界交流的巨大障碍。因此，中国发展了具有鲜明特色的古代文化体系，和欧洲、阿拉伯、印度的文化明显不同。中国自古以来是个文化输出国，亚洲毗邻国家和地区处在中国的文化磁场之内，深受影响，中国形成了强烈的自我中心意识。中国的封建统治阶级自以为文明声教高出于全世界，闭关自守、故步自封，不愿也不屑和外国交往，直到距今一百五十年前的鸦片战争时，中国的统治者仍虚骄自大，自我封锁，在天朝上国的迷梦中酣睡。

总之，中国的封建传统文化植根于自己的土壤中，自成一种文明体系，适应自己的环境和条件，能够应付来自农业社会的种种挑战，顽强地维持自己的生命和活力。详细而具体地分析中国古代传统文化各个方面的特点，应该是许多学科领域专家们分工合作、长期努力的重大课题。在这里可以提出的是：每一种文化体系都是一个生长着的有机体，都是一种生命力的表现，各有其产生、发展、中衰、复兴、死亡的过程，都有自己区别于其他文化的知识结构、思维方式、价值取向、审美观念、符号体系，都包含着丰富多彩的知识内容和文化要素。这一切都是人们在不同时代、不同地区改造世界与发展自身所取得的文明成果的积淀，都有其真、善、美的方面，也有其假、恶、丑的一面。对任何国家、民族的传统文化都需要进行长期的研究和细微的分析，脱离其生成的历史条件，简单地对其绝对肯定或绝对否定，都是不慎重的、不可取的。

中国古代文化有长期发展的历史，表现出能够适应环境的强大生命力。它最早以黄河流域和长江流域为中心而形成，不断吸收其他地区和其他民族的文化，包括北方游牧民族、南方山地民族的文化，逐渐丰富、充实。它也像大河、大江一样，汇集百川、吞纳众水，浩浩荡荡地奔流，时间越长久，包含融合的文化品种越多样，涵盖和辐射的区域越广大，汪洋浩瀚，千姿百态，蔚为壮观。

中国古代文化以儒家文化为主干。儒学经过两千多年的演化、锤炼，具有严整的体系、丰富的内容、精细的论证和推理。它的影响既普遍深入，又持久不衰，不仅支配着历代朝廷的统治者、决策者，而且影响到中国社会各个角落以及士、农、工、商各个等级阶层。儒家的观念形态、伦理准则塑造了世世代代的中国人，规范和制约着他们的思想、言论、行动以至性格特征和深层心态。要研究中国和中国人，必须研究儒家文化。

儒家文化不是单纯不变的事物。它在长期的历史发展中饱历风霜，几经变化，其原型和后来的变型已大不相同。春秋战国时代，以孔子、孟子、荀子为代表的儒家，传述经典、修习六艺、传扬仁义，是当时百家争鸣中被称为"显学"的一家。到了汉代，儒家吸收了道家、法家的某些思想内容，受到政府的尊崇，立在学官，经过今文学派董仲舒，到古文学派郑康成，出现了恪守师说、注经释经、与政治紧密结合的汉代经学，使儒学成为封建专制国家的官方意识形态。以后又屡经沧桑，经历了魏晋南北朝、唐宋元明，吸收了域内各民族文化和域外佛教文化，产生了程朱陆王的新儒学，即精深细密、强调思辨、标举性理的宋明理学。它既受佛学的影响，又与佛学相对立。理学统治封建社会后期中国的思想界数百年之久，影响极为深远。明清之际，随着经济和社会的变动以及西方文化的传入，产生了具有某些民主思想萌芽和科学务实色彩的新思想、新学派。两千多年来，作为中国传统文化主干的儒学不断发展，经常改变其具体形态。

应当指出的是：中国封建社会历史的变迁没有打破小农经济的格局，传统文化历经冲击、震荡，做出一定的反应和变化，随之仍然在旧的体系内得到了新的平衡。中国传统文化的坚韧性根源于中国社会经济结构的稳定性，如果没有经济结构的根本变化，没有社会生活和阶级构成的重大进步，要破除根深蒂固的儒家思想传统是不可能的。

二、近代中西文化的冲突

1840年鸦片战争，外国侵略者用大炮轰开了中国的大门，使中国逐步地变为半殖民地半封建社会。中国失去了许多国土、主权、利益，人民生活在水深火热之中，中国的传统文化遭遇到前所未有的挑战。欧风美雨带来了船炮机器、工厂铁路、声光化电，带来了进化论、物竞天择、商战、民权、立宪、共和。西方传来的新思想、新观念迅速传播，和以儒家为主干的中国传统文化体系格格不入，产生了严重的冲突。许多人做过中西文化的研究，评论两者的优劣得失。如果抽象地议论，那么，各种类型的文化各有其生成的根由，各有其精华和糟粕，都可以一一指陈其成就和局限。但是，如果放在历史的长河中考察，那么各种文化自有其特点和性质的不同，有先进和落后的差别。哪一种文化能够适应并服务于现实生活，便能够争得存在和发展的权利。鸦片战争以来的历史实践已经清楚地表明：中国传统文化的整个体系产生于封建的农业社会，不适应近代社会的需要，在以大工业生产为基础的近代世界中没有竞胜的能力。中国必须开放，大量引进西方的物质文明和精神文明，在破除传统文化体系的同时，吸收中国和西方文化中有价值的部分，在新的基础上建构新的文明大厦。中国近代的先进分子,从林则徐、魏源、洪秀全开始,经过康有为、谭嗣同、梁启超、严复、孙中山、章太炎,直至五四时代的陈独秀、李大钊、鲁迅、毛泽东、蔡和森、周恩来,都在向西方学习,都在中国旧文化衰落、新文化诞生过程中艰苦探索,寻求救国的真理。

　　文化是经济、政治的反映,并将给经济、政治以巨大的反作用。文化将随着经济、政治的改变而改变。鸦片战争之后,中国社会生活发生了翻天覆地的变化,文化领域内也掀起阵阵波澜。由于中国的传统文化深入人心,它尽管已不适应国家和民族的生存需要,但却在很长时间里仍支配着人们的思想和行为。近代史上的每一步改革都遭到了传统力量的强烈抗拒。当洋务派引进外国的枪炮机器、轮船火车、纺织矿冶等器物文化,企图改变中国的经济局面时,顽固派讥之为"奇技淫巧""用夷变夏"。洋务派不能做出正面回答,而举着"中学为体,西学为用"的旗号,声称引进器物文化正是为了保卫中国固有的文化,为自己不敢违背圣贤之道辩解。张之洞说:"其心圣人之心,行圣人之行。以孝悌忠信为德,以尊法庇民为政。朝运汽轮,夕驰铁路,无害为圣人之徒也。"① 戊戌变法时期,维新派要求君主立宪,在政治方面实行改革,但他们同样不敢违背传统的儒家学说,反而打起"尊孔"的旗子,把孔子打扮成变法改制的圣人。康有为尊儒学为"国教",说"惟有孔子,真文明世之教主",今所编撰,"特发明孔

---

① 张之洞:《会通》,《劝学篇·下篇》。

子为改制教主,六经皆孔子所作,俾国人知教主,共尊信之。皇上乙夜览观,知大圣之改制,审通变之宜民,所以训谕国人,尊崇教主,必在是矣"①。维新派要求中国实现近代化,却一心要在孔子的门下找荫庇,灵魂深处仍保存着与近代化格格不入的儒学世界观。孙中山自幼接受西方教育,受儒学的影响较小。他领导的民主革命的矛头指向清政府,提出"驱除鞑虏,恢复中华,建立民国,平均地权"的纲领,并没有正面反对儒学和传统文化。有些同盟会会员甚至标榜传统的"华夷之辨"以及恢复汉家衣冠,以增强反满的号召力。所以,有人说孙中山"一方面主张恢复固有的道德与智能,一方面主张学外国之所长,是为国粹与欧化的折中"②。自鸦片战争以来,中西文化的冲突日益尖锐,但直到清朝灭亡后,国人还没有对统治中国两千多年的封建儒学进行正面的、系统的批判。这是由于近代的反帝反封建斗争此起彼伏,十分激烈,人们把注意力集中在当时迫切的政治问题上,无暇顾及比较隐蔽而又影响深远的文化传统问题。并且,封建儒学有着强固的根基,长期盘踞在大多数知识分子和人民的头脑中,维持相当的权威和影响力。因此,直到五四以前,文化领域的斗争虽然相当猛烈,但仍属于前哨战、外围战,而非攻坚战。辛亥革命推翻了清政府,旧的封建专制主义的政治中心倒塌了,这是民主革命的伟大胜利,但是,长期依附于封建政治的旧文化并未销声匿迹,它的游魂到处飘荡。袁世凯演

---

① 康有为:《请尊孔圣为国教立教部教会以孔子纪年而废淫祠折》。
② 蔡元培:《中华民族与中庸之道》。

出帝制丑剧，请来儒家，祭天祀孔；一些清朝遗老建立孔教会，在读经复古声中大做复辟梦。封建儒学与专制帝制相表里，不批判旧道德、旧文化，它必定会再次成为复辟的护符，不但革命不能向纵深发展，甚至已取得的革命成果也会化为乌有。新旧文化的冲突有着深刻的原因，已经历很长时间，郁积既久，其发必烈，文化领域的决战是不可避免的。就像陈独秀所说："政治界虽经三次革命，而黑暗未曾稍减，其原因之小部分，则为三次革命皆虎头蛇尾，未能充分以鲜血洗净旧污。其大部分，则为盘踞吾人精神界根深蒂固之伦理、道德、文章、艺术诸端，莫不黑幕层张，垢污深积，并此虎头蛇尾之革命而未有焉。此单独政治革命所以于吾之社会，不生若何变化，不收若何效果也。"[1]既然单独的政治革命因意识形态的阻力而不能进行到底，那就必定会开辟文化领域的新战场。一批思想启蒙战士应运而生，披挂上阵，以排山倒海之势、雷霆万钧之力，冲击传统文化的堤防，锋芒直指儒家的伦理观、价值观以及孔子本人。陈独秀说："忠孝节义，奴隶之道德也"[2]，"民主共和的国家组织、社会制度、伦理观念和君主专制的国家组织、社会制度、伦理观念全然相反。一个是重在平等精神，一个是重在尊卑阶级，万万不能调和的。"[3]李大钊说："孔子者，数千年前之残骸枯骨也"，"历代帝王专制之护符也"[4]。鲁迅在《狂人日记》《我

---

[1] 陈独秀：《文学革命论》。
[2] 陈独秀：《独秀文存》，合肥，安徽人民出版社，1987，第3页。
[3] 陈独秀：《旧的思想与国体问题》。
[4] 李大钊：《孔子与宪法》。

之节烈观》《随感录》中痛斥旧礼教和所谓"仁义道德",鞭挞儒家所倡导的父权、夫权。吴虞说:"孔二先生的礼教讲到极点,就非杀人吃人不成功,真是残酷极了。"[1]钱玄同、刘半农反对封建迷信,抨击乌烟瘴气的灵学与扶乩术。胡适提倡白话文,作白话诗,标举文学革命,要求对文化媒介和传播工具进行改革,"先要做到文字体裁的大解放,方才可以用来做新思想新精神的运输品"。五四时期,这些知识分子的思想,虽有急进、缓进之分,以后更有进一步的分化和转向,但当时他们都站在民主和科学的旗帜下,对传统文化进行口诛笔伐。他们反对纲常伦理,要求尊重个性;反对盲从古人,提倡独立思考;反对传统的权威,要求"用自己的话写自己的主张"。五四运动对数千年之久的封建主义文化的马厩进行了一次大清扫,为中国新文化的建设奠定了基础,其伟大的历史作用应该充分肯定。

三、评价五四新文化运动中的若干问题

人们在经历沧桑巨变的同时,经常回顾这场伟大的运动,对它的是非功过进行评价,出版或发表了许多著作和文章,其中有很多真知灼见,对五四新文化运动的发生、发展及意义做出了深刻的阐发。但至今,处在改革开放的大潮中,对五四运动进行反思,仍有许多问题值得进一步研究和探讨。

---

[1] 吴虞:《吃人与礼教》。

五四运动激烈反对传统文化，当时的思想战士是不是态度偏激，感情用事？是不是完全摒弃传统文化，对传统一味进行非理性的、无意义的破坏？

五四运动确有片面性。毛泽东就曾说过：

> 五四运动本身也是有缺点的。那时的许多领导人物，还没有马克思主义的批判精神，他们使用的方法，一般地还是资产阶级的方法，即形式主义的方法。他们反对旧八股、旧教条，主张科学和民主，是很对的。但是他们对于现状，对于历史，对于外国事物，没有历史唯物主义的批判精神，所谓坏就是绝对的坏，一切皆坏；所谓好就是绝对的好，一切皆好。这种形式主义地看问题的方法，就影响了后来这个运动的发展。①

在近代历史上，作为传统文化主干的儒家思想早已是社会进步和革命发展的障碍，因此，五四时期先进分子对其进行激烈的批判是势所必至、理所当然。在批判中发生某些形式主义的缺点也是可以理解的。因为，他们不是在书斋中慢条斯理地进行研究，而是处在战斗的环境中，面对着长期统治中国的儒家思想这个庞然大物，面对着尊孔复辟派的反动叫嚣和倒行逆施，不进行迅速的、强有力的攻击，新思想、新文化就不可能占领阵地，站稳脚跟。当时的领导人还没有

---

① 《毛泽东选集》（第3卷），第2版，北京，人民出版社，1991，第831~832页。

掌握科学的思想武器，去正确分析中国的历史和文化，而是以强烈的愤慨补充了理论准备之不足。他们攻击的方向是正确的，态度是坚决的，但一刀一枪并非都能击中对方的要害。评判任何一种战斗，只能综论其全局的胜负得失，而不能斤斤计较局部的失利或误伤。五四新文化运动的功绩在于它对旧文化、旧教条的不妥协性，我们不应当要求它对丰富复杂的中国传统文化进行全面深入、恰如其分的评价和分析，因为这是需要长期细致的研究才能做到的。

尽管五四时期先进分子对传统文化的批判言辞锋利，十分激烈，但思想文化领域的任何激进主义者都不会同自己的先辈一刀两断，全部决裂。人生活在一定的社会环境和文化氛围中，总要受传统的教育和熏陶。每一个人都属于某种文化，是这种文化塑造的，不可能完全脱离自己成长的土壤，不可能离开传统，正如拔着自己的头发不能够离开地面一样。先进的思想家可以和传统文化的核心部分进行激烈的、不调和的战斗，却仍必须利用先辈们遗留下来的许多理论观点和思想资料，不可能在一切方面和昨天宣战。五四时期反传统的战士其实都受过充分的传统教育。他们熟读经书，精通儒家学说，而又留学国外，涉猎西学，可谓学贯中西、通晓古今，知识渊博。一方面，他们认定儒学作为占主导地位的意识形态，不能适应近代社会的要求，因而对之进行了激烈的批判；另一方面，他们并非没有认识到传统文化中蕴藏着珍贵的宝藏，需要发掘、继承。如李大钊对中国社会经济史的阐明，鲁迅开展中国小说史的研究和校辑古籍，胡适整理国故并在哲学史和小说考证方面做出成绩。还有稍后的郭沫若、瞿秋白、茅盾、郑振铎、顾颉刚、傅斯年、罗家伦等，都曾潜心研究中国历史或中国文学而做出了贡献。从他们毕生的学问和事业看，说他们摒弃了中国传统文化是不合乎事实的。

五四运动的另一个巨大功绩就是彻底反对帝国主义。运动的爆发就是由于中国在巴黎和会上遭到列强的欺压凌辱。五四中提出"外争国权，内惩国贼"的口号，恰好是继承和发扬爱国主义传统的表现。中国人民一直具有反对异族入侵的优良传统，特别在近代史上，中国人民为反对帝国主义侵略而英勇战斗，前仆后继，正是这一爱国主义传统使中华民族在危急关头团结、凝聚在一起，全力反对外来侵略，使帝国主义不可能瓜分和灭亡中国。五四运动继承了这一爱国主义传统，并使启蒙和救亡相结合，掀起了波澜壮阔的群众运动。可见，五四运动虽然激烈批判了传统儒学，但并没有全部否定传统，反而把传统中的爱国主义精神发扬到新的高度。

反帝与反封建、救亡与启蒙，这是五四运动的两大任务，其相互关系如何？五四运动以后爱国救亡与政治革命风起云涌，延绵不断，成为历史的主旋律，这会不会掩盖和压抑了启蒙运动的发展？是不是使五四前后的新文化运动出现了断裂？民族生存和夺取政权的紧迫任务是不是压倒了个人对自由、平等、民权等理想的追求，因而使启蒙的任务长期没有完成？思想启蒙与革命救亡是否产生了矛盾？

事实上，革命救亡与思想启蒙是历史发展进程中不可分离、相互促进的两个方面。一切思想启蒙都和政治革命、社会改造相伴随。思想启蒙的根本目的是唤起群众、改造社会、拯救国家。而革命救亡也必须以群众的觉醒和奋起为前提。因此,启蒙必然在一个具体的历史环境中展开,必然和当时的政治任务相结合。18世纪法国的启蒙运动导致了颠覆欧洲封建制度的一场大革命,而中国戊戌前后的启蒙运动也与变法维新的政治浪潮相伴随,从来没有仅仅停留在书斋中、完全脱离社会改造的、抽象的思想启蒙。从中国的情况来看,思想启蒙长期在救亡和战争的环境中进行。严峻的客观现实自然不容许当时中国实施正规的义务教育,也不可能使中国有更多的经费和更完备的文化教育设施。一切因陋就简,文化启蒙的内容、形式和规模都要受历史条件的制约,但绝不能把启蒙任务未能完成的原因归于救亡和革命。恰恰相反,思想启蒙必须在爱国救亡和政治革命中寻找动力,逐步展开。五四运动之前,思想斗争已由为《新青年》杂志撰稿的少数作者所发动,但影响还不大,正是因为五四运动,全国的青年学生、工人、市民进行游行示威,发出爱国救亡的呼声,同时也把思想启蒙的成果大大地发展推广。救亡与启蒙联袂前进,相得益彰,在全国造成了如火如荼的轰动效应,可见两者是相互促进,而非矛盾对立的。

至于自由、平等、民权,确实是中国人民的理想和追求。但救亡和革命正是为了争取个体的生存,保障个人的自由、平等和民权。如果国家主权和民族生存受到威胁,那么就谈不上个人的任何权利。因此,从根本上说,救亡和革命不会压抑个性的发展、抹杀个体的价值,而正是为实现自由、平等和民权开辟了可能性。

的确，五四运动思想启蒙的任务并没有完成。至今，民主和科学仍然是我们要努力争取的目标。为什么中国思想启蒙的路程这样漫长而艰巨？五四运动是不是破坏太多、建树太少？它的主要功绩表现在哪里？

诚然，五四运动只是思想启蒙的开始。五四以后，愚昧、迷信、专制主义依然统治着中国。思想启蒙本来就是长期任务，在西欧花费了从文艺复兴到18世纪的几百年时间。在中国这样一穷二白的大国，要完成启蒙任务，建设高度文明的国家，必须依靠全民族世世代代的艰苦努力。我们本来就不能指望在五四运动的短暂时期解决这一根本问题。但五四运动在思想文化领域并非无所建树，它的巨大功绩是传播了马克思主义，在激烈批判了传统的儒学以后，人民选择了马克思主义的科学理论作为观察世界、分析中国、改造社会、推动革命的思想武器，从此揭开了中国共产党领导下的新民主主义革命的序幕。

五四运动以前，陈独秀创办《新青年》时所揭橥的是法国资产阶级革命中自由、平等、博爱的口号，仍想在中国建立资产阶级共和国。但第一次世界大战的爆发，使帝国主义世界的矛盾充分暴露，以前曾经非常具有吸引力的资产阶级理性王国竟把人类推入大规模相互残杀的绝望境地。因此，资产阶级理性王国失去了诱人的光彩。十月革命的胜利，犹如一声春雷，震惊了世界和中国，俄国的工农大众首先挣脱锁链而站立起来，这给长久处在沉重压迫下的中国人民树立了榜样,鼓舞起信心。五四运动中,传统的封建思想遭到批判,思想界释放出巨大的能量,形成生动活泼、蓬勃进取的新局面,外国的各种思想纷纷传入中国,理论繁多、学派林立,使人眼花缭乱,对青年们具有很大的吸引力。当时,人们在摆脱了传统儒家思想的束缚后,无所拘束,凭着各人的所学所感、所思所悟去判断是非,接触社会,体验人生,追求真理。经过一段时间的探索、争辩、选择,马克思主义赢得越来越多的群众,逐渐在中国生根成长、开花结果,取得了历史性的胜利。

中国人民之所以选择马克思主义,因为它是科学的、革命的理论。它使人能够正确地认识国情、洞察形势、制定战略策略,给人以智慧、力量和信心。它坚定地维护被压迫人民的利益,能够鼓舞群众,最大限度地动员群众。这一科学理论适应于已经成熟了的中国革命的要求。正像马克思所说:"理论在一个国家的实现程度,决定于理论满足这个国家的需要的程度。"[1]

五四运动最伟大的建树是在中国传播了马克思主义。中国革命自从有了马克思主义的正确指导,就很快走出了低谷,迎来了高潮。而思想启蒙也有了更锐利的武器。此后,经过长期奋斗,终于推翻了帝国主义、封建主义的统治,建立了社会主义的新中国。

---

[1]《马克思恩格斯全集》(第1卷),中文第1版,北京,人民出版社,1956,第462页。

四、当前的文化建设和对传统文化的批判继承

当前,我国正处于社会主义改革开放的大潮中,五四时期思想启蒙的任务尚有待完成。我国是个疆域广阔、人口众多,经过两千多年封建统治的大国,底子很薄,一穷二白,改变这种情况需要长期努力。我国的文盲达两亿数千万,高素质人才占人口比例很小,文化教育设施落后,这是制约我们经济腾飞的重要因素。贫穷与愚昧,两者是牢固结合、互为因果的共存体,治贫必须治愚,治愚又必须治贫。我们当前最主要的任务是发展生产力,生产力中最重要、最活跃的因素则是人。生产工具、机器设备是由人制造和操作的,工厂、企业是由人进行管理的。现代化建设需要千千万万有理想、有道德、有文化、有纪律的人。改革的成功与否,取决于作为改革主体的人是否具备与改革相适应的文化素质。培育优秀文化,其中包括教育、科学、文化知识的发展,民主和法律的完善,以及人们思想、道德水平的提高,这是"四化"建设中刻不容缓的任务。

我们的目标是建设社会主义的新文化。文化是人类在改造世界中产生的物质和精神成果,有什么样的客观世界、社会制度和什么样的改造活动,就会产生什么性质的文化成果。我们今天正在创造的是社会主义性质的文化,从总体和发展前途看,必定会超越世界上存在过的其他文化,但当它处在社会主义初级阶段时,却未必能在很多方面赶上或超过形成已久、历经锤炼、充分成熟了的其他文化。社会主义文化必

然要把其他文化作为自己的先驱，汲取营养，取材借鉴，以利于自己的成长。发展社会主义文化的根本源泉是生活实践。生活实践将决定文化发展的方向，提供文化建设的模式、素材和动力。创造文化的过程即是总结新生活、解决新问题、发展新观念、产生新成果的过程。文化如果离开了生活实践，就成了无源之水、无本之木，必定会枯萎死亡。我们的文化建设与当前的现代化建设密切结合，应适应现代化建设的要求，在知识和科学水平方面有大幅度提高，在价值取向和社会心态方面有重大转变，并发扬民主、法治意识，提倡效率、平等、功利观念，尊重人的尊严和权利，在保障集体价值的同时发展个体价值。总之，我们仍将沿着五四运动所开辟的道路前进。

今天，我们在文化建设中，也像五四时代的先辈们一样，面对着如何对待丰富而复杂的中国传统文化的问题，不过处境、条件已变化，所以任务就有所不同。五四前夕，是历史上最黑暗的时期之一，尊孔复古的议论甚嚣尘上，复辟丑剧一演再演。五四的先辈们处在一个紧迫的战斗环境中，以廓清雾瘴、荡涤污垢、开辟新路为己任。我们已经完成了民主革命的任务，建立了新中国，进行了三十多年的社会主义建设。三十多年中的挫折和失误深刻地教育了我们：要防止"左"的倾向，特别是不能重复"文化大革命"期间批判一切、否定一切的错误。我们的任务是对中国传统文化进行马克思主义的分析，深入研究、重新估价，取其精华、弃其糟粕，以丰富和发展社会主义的新文化。

文化传统是历史地形成的，是时代的、民族的产物。每个人都在传统的哺育下获得知识、培养能力，形成思维方式和价值取向。传统和我们的关系十分密切，我们既不能脱离传统，也不能自由地选择传统。但历史是不断前进的，传统只反映过去，一旦成为传统，它就凝固起来，偏离日益发展的新生活，有时会和新生活发生严重的冲突，成为前进中的包袱。传统和现代化是历史发展中的两个环节，既相互衔接又相互矛盾。传统是昨天的创造活动的积淀，又流注到今天和未来。而现代化是当前的行动目标，是前所未有的创造，是新生活的起点。现代化必然要冲击、改造、利用传统，为自己的胜利前进开辟道路。担负着现代化责任的人，对传统必然是有所继承、有所改造、有所革新、有所超越。

"取其精华，弃其糟粕"，这八个字是我们对传统文化的基本态度。既区别于全盘继承，无条件地接受；又区别于一笔抹杀，完全抛弃。我们既不是复古主义者，也不是民族虚无主义者。但对待传统文化需要长期研究、精心鉴别，不是乱套乱用这八个字的简单公式，分类处理，也不是拿这八个字代替艰苦、细致的工作。传统文化中，何者为精华？何者为糟粕？如何弃取？这些恰恰是难点之所在。精华与糟粕并非泾渭分明、一目了然，可以简单地挑拣。两者常常结合在一起，互相渗透、互相依存，在一定条件下甚至可以互相转化。研究传统文化，一定要结合它生成的历史环境，细致地解剖它的内容、多样化的形式以及发挥的功能，从宽广的视角进行考察，切忌简单片面、浮浅狭隘、急功近利的做法。

大概说来，传统文化有几种情况：

第一种属于自然科学、逻辑、语言、工艺技巧，以及全人类共有的知识内容、行为规范，这些都是人们在改造自然、改造社会中取得的共同成果，通常是没有阶级性或阶级性不强烈的部分。它有自身的发展规律，不是伴随经济基础的改变而急剧改变。它通过新知识的逐渐积累、新内容的不断丰富而代替、更新旧知识、旧内容。渐进性的积累、更新是其传承的特点，已有的知识内容和成果不是简单地被抛弃，它们往往是取得新知识的基础，即使被取代以后，其合理内容仍被包容在新的文化成果中。这类传统文化的连续性和稳定性是很明显的。

第二种是传统文化中属于意识形态的部分，包括哲学、政治、法律、宗教、道德、文学、艺术的成果，也包括人们的心理、情绪、价值取向、某些典章制度、风俗习惯。这些属于观念和制度文化，较直接地反映时代特点和阶级利益。人们对其是非善恶的评价往往有较多分歧。相对于现实生活的发展变化，意识形态和制度、习俗相对滞后，这就会引发其与现实生活的脱节和冲突。我们所说评价传统文化的复杂性和难点就是指的这一部分，常常是精华与糟粕杂然并存，褒扬与贬斥截然对立，引起文化思想领域中激烈的两军对战。中国的传统文化产生于旧时代的农业社会，把它过分拔高，要它在中国以至世界的现实和未来生活中居于主导思想的地位，显然是一种奢望，是不可能做到的。但我们现在处在与五四运动不同的时代，是在从事长期的文化建设，有更多的时间进行细致的研究、探讨，有更大的可能去理解与宽容。除了坚决剔除确实有害于现代化建设的糟粕外，对历史文化遗产应当谨慎从事、小心保护，避免全盘否定、激烈破坏。

第三种是传统文化中的实物遗存，如名胜古迹、古器物、古建筑、古工艺品以及书籍字画等。这一类既非知识技能，又非观念制度，而是传统文化的物质载体，是中华民族的劳动创造和智慧结晶，体现着中国悠久灿烂的文明，可以鼓舞人们的爱国主义精神，增长人们的知识和能力，培养人们追求真善美和人们的高尚情操，可以在建设社会主义精神文明中发挥巨大的作用。这些历史文物是国家的瑰宝，当然要妥善保存和管理，不允许加以破坏。

第四种是传统文化中确属反动、落后的部分。如封建迷信，淫秽作品，荒诞不经的议论、传闻，野蛮、残忍的观念、习俗。这些理所当然要加以摒弃、淘汰。即使对待这些"有毒的内容"，也要慎重处理，区别包含在大量毒素中尚属合理的、无害的部分。全属糟粕的东西，自然不能使其泛滥，危害人民的身心健康，但从历史学、宗教学、民俗学、社会学、心理学的研究角度看，其中也包含着有用的研究素材，不可任意丢弃、消灭。对一切文化遗产，我们不能像封建统治者那样采取焚书、劈版、篡改、灭绝的愚蠢做法。

总之，我们所要建设的是富有创新精神的社会主义新文化，必须能够适应并促进现代化建设。我们既不能袭用传统文化的整个体系与思想观点，又不能与之脱离。正确的态度是改造、转换、创新、超越，用马克思主义进行细致的研究，使源远流长、内涵丰富的我国历史文化遗产能更好地为现实服务，以建立具有时代精神的、光辉灿烂的中华民族新文化。